U0594963

现代教育理念下的健美操教学实践探究

罗铮子　著

吉林出版集团股份有限公司 | 全国百佳图书出版单位

图书在版编目（CIP）数据

现代教育理念下的健美操教学实践探究 / 罗铮子著
. -- 长春：吉林出版集团股份有限公司，2023.7
ISBN 978-7-5731-4050-0

Ⅰ.①现… Ⅱ.①罗… Ⅲ.①健美操—教学研究—高
等学校 Ⅳ.①G831.32

中国国家版本馆CIP数据核字(2023)第164922号

现代教育理念下的健美操教学实践探究

XIANDAI JIAOYU LINIAN XIA DE JIANMEICAO JIAOXUE SHIJIAN TANJIU

著　者	罗铮子
出版人	吴　强
责任编辑	孙　璐　王　博
开　本	787 mm × 1092 mm　1/16
印　张	12.25
字　数	245千字
版　次	2023年7月第1版
印　次	2023年11月第1次印刷

出　版　吉林出版集团股份有限公司
发　行　吉林音像出版社有限责任公司
　　　　（吉林省长春市南关区福祉大路5788号）
电　话　0431-81629679
印　刷　吉林省信诚印刷有限公司

ISBN 978-7-5731-4050-0　　定　价　49.00元

《 前 言 》

随着现代体育的不断发展，我国体育教学的改革越来越深入。体育教学改革的核心是课程改革，课程改革的重点是课程体系与课程内容的改革，因此必须转变教育理念，深化改革课程体系和课程内容，以培养适应时代发展需求的全面型体育人才。

健美操作为一门新兴课程，在学校体育教学中颇受重视。学生基于各种学训和发展需要选择健美操教学课，参与健美操课程的系统学习，以谋求自身健康的全面发展。随着近年来体育教学改革的不断深入，健美操教学在整个体育教学系统中面临着进一步可持续发展的困境，主要表现在健美操课程设置不合理和健美操教学效果不理想两个方面。在健美操选课人数不断增多与健美操授课班级有限、学生的健美操学习需求多元化和健美操课程内容单一、健美操课程教学难以紧跟现代化体育教学发展趋势等诸多矛盾下，转变教育理念，提升教学效果，在现代教育理念下优化健美操实践教学的需求迫在眉睫。

基于此，作者撰写了《现代教育理念下的健美操教学实践探究》一书。

本书共分为七章。第一章的内容是现代教育理念内容阐析；第二章的内容是健美操运动的价值探析；第三章的内容是健美操运动的理论依据；第四章的内容是健美操运动的动作分析；第五章的内容是现代教育理念下的健美操教学研究；第六章的内容是现代教育理念下的健美操创编研究；第七章的内容是现代教育理念下的健美操创新发展。

本书在编写过程中，搜集、查阅和整理了大量文献资料。在此，对学界前辈、同仁和所有为此书编写工作提供帮助的人员致以衷心的感谢。

由于编者能力有限，编写时间较为仓促，书中如存在不足之处，敬请广大读者给予理解和指教！

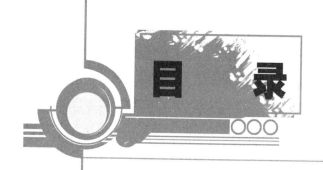

第一章

现代教育理念内容阐析

　　一直以来，教育都是社会发展的重中之重，是社会广泛关注的重要课题。教育的质量和水平如何，直接决定着国家综合实力及政治、经济、文化等各个领域的发展状况。发展教育是首要任务。教育理念对教育的发展起到引领作用，因此，科学、先进的教育理念对于教育的发展至关重要。发展至今，与时代发展相适应的教育理念不断产生、更新，符合现阶段社会发展的现代教育理念主要有素质教育理念、人文教育理念、创新教育理念、体教融合理念、现代教师素质观等，并且这些教育理念都会对体育教育产生深远的影响，这也是本章要重点阐析和探索的内容。由此，读者能够充分了解现代教育理念的各项内容和意义，为健美操课程设计与应用奠定坚实的理论基础。

第一节　素质教育理念

一、素质教育的含义解析

（一）素质教育的基本含义

　　素质教育是以提高民族素质为宗旨的教育。它是依据《中华人民共和国教育法》规定的国家教育方针，着眼于受教育者及社会长远发展的要求，以面向全体学生、全面提高学生的基本素质为根本宗旨，以注重培养受教育者的态度、能力，促进他们在德智体等方面生动、活泼、主动的发展为基本特征的教育。

（二）素质教育与全面发展教育

从根本意义上看，素质教育与全面发展教育观念是一致的。

全面发展教育的主要目的就是促进人的智力和体力充分自由、主动发展，促进人的各方面才能和兴趣、特长和谐统一发展。当然，人的道德水平、审美情操的发展也包含在全面发展教育之中。素质教育也是将促进人的全面发展和综合素质的提高作为自身的关注重点。因此，素质教育观念与全面发展教育观念两者在教育目的和人才培养目标上是一致的，也可以将素质教育理解为是对全面发展教育的完善。

（三）素质教育与应试教育

素质教育与应试教育两个教育观念之间是根本对立的关系。具体来说，它们之间的对立体现在以下几个方面。

1．教育目的不同

应试教育将分数和选拔作为主要的考虑因素，其主要目的就是考取高分、获得升学资格，追求教育的短期目标。

素质教育则主要是以受教育者个体发展和社会发展的需要为己任，主要目的则在于提高国民素质，追求教育的长远利益与目标。

2．教育对象不同

应试教育的教育对象主要是高分学生，大多数学生和差生往往是被忽视的。从某种意义上来说，应试教育重视的是高分，这都是违背义务教育的宗旨以及"教育机会人人均等"原则的。

素质教育的教育对象是全体学生，其宗旨为促使每个学生都得到发展，每个学生都在其原有的基础上有所发展，都在其天赋允许的范围内充分发展。素质教育，实际上是差异性教育的一种形式。素质教育面向的是每一个有差异的学生，即素质教育要求平等地对待每一个学生，要求尊重每一个学生。

3．教育内容不同

应试教育将考试和升学需要作为主要考虑的核心因素，只教应试内容，忽视了非应试能力的培养。

素质教育则将学生全面素质的提高作为主要立足点，讲授适合学生发展和社会发展需要的教育内容。

4．教育方法不同

应试教育通过题海战术、猜题押题、死记硬背、"填鸭式"教学等来达到提升学生成绩的目的，这就加重了学生的课业负担，同时，这对于学生能力的全面发展是不利的。

素质教育提出了开发学生潜能与优势的要求，重视启发诱导，因材施教，使学生学会学习。

5．教育评价标准不同

应试教育要求学校的一切工作都围绕着备考这个中心展开，要求学生积累与考试有关的知识、形式及应试技能，以便考取高分；要求教师将分数作为教学的唯一追求，以分数作为衡量学生和教师水平的唯一尺度。

素质教育则立足于学生素质的全面提高，以多种形式全面衡量学生素质和教师的水平。

6．教育结果不同

应试教育产生的主要结果：多数学生被忽视，产生厌学情绪，片面发展，个性受到压抑，缺乏继续发展的能力。

素质教育产生的主要结果：全体学生的潜能可以得到充分挖掘和发挥，素质可以得到全面提高，个性得到充分而自由的发展。

（四）素质教育的实质

通过上述对素质教育与全面发展教育、应试教育的对比，我们可以将素质教育的实质总结为以下几点。

（1）素质教育坚持面向全体。具体来说，就是满足全体学生基本的学习需求，提高全体成员的整体素质，提高国民的整体教育水准。

（2）素质教育将促进学生全面发展作为主要目的。具体可以从两个方面进行理解：一个是把全面发展理解为德、智、体、美、劳的融合性、渗透性发展；另一个是强调将思想政治素质教育突出出来。

（3）素质教育注重让学生生动活泼、积极主动地发展。

（4）素质教育对学生创新精神和实践能力的培养非常重视。

（5）素质教育强调为学生的终身发展奠定基础，要培养学生终身学习的能力。

二、素质教育理念的主要内容

一般来说，素质教育理念的内容主要有以下几个方面。

（一）发展个性

从现代心理学的角度来看，个性是一个人的整个精神面貌，是一个人稳定而又本质的、具有一定倾向的心理特征，需要、动机、兴趣、性格及能力等都属于个性的范畴。素质教育理念是将让学生生动、活泼地发展、以学生为中心、以学为主的观念反映出来。个体全面素质的培养与发展个性之间并不是相悖的关系，而是相互促进的关系，前者是后者的重要前提。人与人之间，先天禀赋以及后天环境的差异，使每一个人都与其他人表现出不同的素质结构，教育则应基于个体素质结构的不同施以不同的影响。

另外，由于每个人在特点和特长方面是存在差异的，这就为其智力的开发及创造力的培养提供了基础，也为个性的培养提供了理论依据。从实质上来说，个性发展就是在实施素质教育时，既注重培养个体的全面素质，又注重学生的个别差异。学生综合素质的提高、与教育者从学生的实际出发有着密切的联系，同时，还要对学生的闪光点进行积极挖掘，使其获得某一方面素质的提高，从而带动其他方面素质的发展。

（二）全面素质的培养

个体的发展与某一方面或某些方面素质的提高，并不是等同的关系，对某一个体发展的好坏进行考察，参照的标准应该是其整体素质是否提高。

从社会发展对个体的需要方面来看，每一个个体都要具备一定的公民素质，这是必须的，这就要求个体能获得在德、智、体、美、劳等诸方面的和谐发展。每一个个体全面素质的提高，一方面可以保证其正常的社会活动或适应整个社会生活，另一方面又为其某一方面素质达到最佳水平的发展提供保障。不管是什么样的教育，只注重某一方面素质培养的都是不可取的，这就要求在素质教育的实施过程中，教师形成全盘考虑个体素质，使其相互融合、相互渗透与促进的观念，这是每个教育工作者应形成的起码理念。

（三）素质教育的动态性观念

关于人的素质，从根本上来说，实际上就是适应某一特定社会发展需要所必须具备的重要条件。从某种程度上来说，其是特定历史发展的基本要求的一种体现。

社会总是处于不断变化与发展之中的，这也就赋予了素质教育显著的动态性特征，也可以将其理解为，对学生素质的要求总是随着社会发展而变化的。个体的需要、性格和兴趣等通常会随着年龄的增长而不断变化，我们的素质教育也会随着个体的变化而有不同的做法。基于社会及个体的发展变化，在实施素质教育的过程中，要将社会需要与个体发展作为两个非常重要的因素进行考虑。以个体应有的和可能的发展为依据，设计素质教育的稳定的要求，同时针对各种具体情况的不同，又要有富有变化的素质教育行为。另外，由于个体所获得的素质也是动态的，其某一方面素质的获得意味着对其前一阶段要求的否定，因此，素质教育的要求也应有相应的变化。

（四）素质教育的特色

关于素质教育，其所强调的重点在于整体性与全面性，但是，这与在素质教育实施过程中，依据地区、社会发展的特殊状况和需要以及学校所具备的条件与特点，在全面贯彻教育方针的前提下，考虑多样化的特色教育模式是不冲突的。选取学生某方面素质作为突破口，通过全体学生这方面素质的提高，从而带动其整体素质的全面发展，是素质教育的特色所在。

素质教育理念在整个素质教育过程中都有着充分体现，是否具有正确的观念决定着素质教育的成败。

综上所述，现阶段我国素质教育的观念应是面向全体学生，注意学生整体素质的提高，使学生获得个性的全面发展，学校应注重其素质教育要求的灵活性和统一性，使学校办出自己的特色。

三、素质教育的实施

（一）实施素质教育的重要意义

当今世界，人才是第一资源的观念深入人心。要建立我国人力资源优势，教育是关键。但由于受根深蒂固的传统文化中一些负面因素的影响及一系列现实原因，我国目前的教育观念、教育内容和教育模式等滞后于我国经济和社会发展的需要，滞后于人的全面发展的需要。面对我国人才稀少、国民素质有待提高的客观现实，必须进行教育创新，全面实施素质教育。

（1）素质教育的实施，是提高民族整体素质和民族创新能力的必然要求。

（2）素质教育的实施，是建立我国"人才高地"的必然要求。

（3）素质教育的实施，是提高我国教育国际竞争力的客观需要。

（4）素质教育的实施，是促进人的全面发展的客观需要。

（二）素质教育的具体实施办法

通过上述分析发现，素质教育作为一种新的思想，具有一定的科学性，这一点是毋庸置疑的，并且这种观念的产生与社会发展趋势及个体发展规律是相符的。但仅仅形成这样的观念并不是我们的目的所在，还需要将这种观念变为现实，这就是我们要面临的素质教育的具体实施问题。

在很长的一段时间内，传统的教育片面地理解和认识社会的需要，将注意力集中于升学考试上，教育也配合升学的要求，重视知识的传授。因此，实施素质教育也就成为当前教育的着眼点和改革教育的有效途径。

一般来说，实施素质教育可以从以下几个方面着手进行。

（1）要在观念上有积极转变。学生素质的全面培养与发展，应该是教育的重点所在。具体来说，就是要在注重学生知识学习的同时，注重学生能力的培养；在注重学生各方面发展的同时，注重学生个性的培养，达到使学生的素质得到整体性提升的目的。

（2）教学方面，要将对学生的积极引导作为关注重点，使学生将外在信息经过大脑加工转化为其内在的心理因素，使学生获得某种素质的提高，教师应善于分析这一内化过程。

（3）将学生的开拓能力和创新精神的培养作为关注重点，使学生获得自我教育与发展的良好条件。

（4）培养出精明强干、以身作则的教育领导集体和热爱学生、事业心强、业务水平高的教师队伍。

（5）为适应素质教育的需要，还需要对现有的课程体系与教材教法加以改进。

（6）为使素质教育得以顺利实施，教育投入方面要加大力度。

第二节　人文教育理念

一、人文教育的概念界定

关于"人文教育"的概念，在当今教育理论界中有着各自不同的理解，可谓仁者见仁，智者见智。比较典型的有以下几种观点。

（1）人文教育，是人性化教育，是通过人文的濡染与涵化从而使人学会做人的教育形式。

（2）人文教育，是指人文主义教育，科学教育与人文教育，或者说在教育思想及教育目的上的科学主义与人文主义两者之间的历史演变并不是简单的此消彼长的关系，而是呈现复杂交错的关系。

（3）人文教育，是人文精神的教育，人文教育就是指弘扬人性，强调人文精神的教育。

（4）人文教育，也可以指人文学科教育，人文教育就是指文学、史学、哲学基础学科以及语言和艺术学科的教育。

综上所述，人文教育既包括对知识、科学、真理的重视和追求，也包括对道德、理想、信念、人生、人格和社会相关问题等重大价值的渴望与呼唤。其在对人尊重以及对人生存意义和价值取向等问题的反思方面的注重程度还是比较高的。人文教育的主要原则为对人的终极关怀和现实关怀相结合，其重要基础是实现人的完整性、目标则是全面而自由地发展。

也可以将人文教育界定为人文教育就是培养人的人文精神的教育，以一切具有人性陶冶意义的人类文化与阅历经验为教育内容，以知识传授、环境熏陶、实践体验和自身修养等为途径，达到提升人性、发展个性、塑造人格和培养人文精神为目的教育理念与实践，其终极目标在于"精神成人"，在于培养出具有健全的精神、生存的本领、独立的个性、完善的人格、强烈的责任感和富有创造力的新人。

二、人文教育的内容

科学的人文教育内容能为现代学校开展人文教育提供必要的依据和方向指导。人文教育的内容要根据学生的思想素质状况和有利于学生的可持续发展来确定。具体而言，人文教育的内容大致包含以下三个方面内容。

（一）人文知识教育

人文知识是与自然知识和社会知识相对应的一种知识类型，是人类总体知识构成中的一个重要组成部分，是以语言（符号）的方式对人文世界的把握、体验、解释和表达。社会科学的绝大部分知识属于人文知识的范畴。一般来说，学校人文知识教育包含的知识主要有以下几种类型。

（1）思想政治类和法律类知识，主要对学生正确的世界观、人生观、价值观进行培养，使其具有良好的情操，形成知法懂法、遵纪守法的意识。

（2）伦理道德类知识，主要培养学生的社会道德规范、为人处世方法，以及健康的心理素质。

（3）文学、历史、艺术、语言类知识，主要对学生进行审美教育、创新思维培养和优秀传统文化熏陶。

（4）专业辅修类知识，主要开阔学生眼界，拓展学生思维，反思科学技术的两面性，开拓人文教育的新空间。

（二）人文思维教育

人文思维，可以将其理解为开放的形象思维，也可以理解为原创性思维的源泉，是直觉，是顿悟，是灵感，是人的灵性的重要体现。

在进行人文知识传授时，一定要对学生进行积极的引导，使其能够领悟人文知识中包含的人文思维，进而开启学生丰富的想象力、敏锐的领悟力和创造性思维。而人文思维的训练途径之一就是艺术教育。通过人文思维教育的训练，能使学生对于如何探索超越技术本身的问题有很好的理解和应对，可以站得更高，看得更远，可以使他们在设备使用、产品开发的过程中，融入更多的艺术灵感，使技术更富有人性化理念。而这些思维方法是学生在市场经济体制下，在激烈的竞争中取得优势的最基本要素。

（三）人文精神教育

人文精神教育在人文教育中处于重要的核心和归宿地位。人文知识传授是人文教育的基本层面，人文精神的培养则是深层次的、超越性的，目的是获得对"为什么"的价值认知。可以说，人文精神既是一种对形而上的追求，也是形而下的思考，是道德价值本身，同时也是人之所以为人的权利和责任。

人文精神教育的内容涉及以下三个方面。

（1）培养实事求是的精神。培养实事求是的精神，就要树立和坚定建设中国特色社会主义的共同理想，既胸怀远大又脚踏实地，不唯上、不唯书、不迷信权威，反对口是心非、文过饰非，敢于坚持真理等。

（2）培养人文关怀意识。人文关怀体现的是一种知行统一的笃行精神，和谐处理个人和他人、集体、社会、自然的关系。人文精神教育要以人为中心，尊重和关怀每个生命，帮助个体树立健全的人格和健康的心理。

（3）培养创新精神。只有具有创新精神和创新意识，才可能在技术使用和产品设计的过程中不仅考虑实用功能，而且考虑其美学价值和社会功能，挖掘技术背后所隐含的人文因素，使枯燥乏味的技术操作充满丰富多彩的情感和关怀。

需要强调的是，人文教育的三方面内容是一个有机的整体，缺一不可。另外，由人文知识教育到人文精神的内化是一个长期、反复的过程。

三、人文教育的培养目标

（一）首要目标：树立科学的世界观、人生观和价值观

人文教育要解决的首要问题就是"做人的方向性"问题。科学的世界观、人生观、价

值观（简称"三观"）可以使学生对人生的价值有一个正确的定位，对真善美有一个正确的理解，对世界有一个宏观的把握，从而增强对国家、民族的深厚情感，确立为建设中国特色社会主义而奋斗的政治方向及全心全意为人民服务的人生追求。

对于学生来讲，"三观"教育既是高远的，又是具体的、形象的、生活化的，"三观"教育包含的内容主要涉及幸福观、金钱观、劳动观、荣辱观、爱情观等方面。可以说，培育学生成为一个有益于社会、有益于国家、有益于他人的心智健全的人是人文教育的首要目标，也是学校的办学方向。

（二）基础目标：培育良好的职业道德

职业道德，就是从事一定职业的人们所应遵循的行为规范及必备的道德品质。职业道德主要包含的内容：职业道德的基本原则、职业道德规范和职业道德范畴三个方面。具体而言，道德教育的内容有以下几个方面。

（1）爱岗敬业。爱岗就是热爱本职工作岗位，安心本职工作。敬业就是对本职工作认真负责、一丝不苟。

（2）诚实守信。诚实守信是立人之道，修业之本，"言必行，行必果"是基本要求。

（3）严守纪律。每一个行业都有本行业的规则意识和职业纪律，这是必须严格遵守的。

（4）服务至上。每一个行业都有自己的服务要求和服务群体。培养学生良好的职业道德素质，是人文教育当下的现实需要，具有基础性的地位。

（三）现实目标：磨砺良好的精神境界

当前，由于受到多种因素的影响，有些学生产生了焦虑、自卑、抑郁、敏感等心理障碍。因此，现阶段教育的一个重要目标，就是教会学生如何保持自己良好的精神境界，成为心智健全、心理健康的人才。具体可以从以下几个方面着手进行。

（1）通过积极的引导，使学生从"时代娇子"逐渐转变为"普通劳动者"的角色定位。

（2）通过积极的引导，使学生学会欣赏自己，善于发现自己的优点和长处，乐观自信，不卑不亢，不骄不躁。

（3）通过积极的引导，使学生处事宠辱不惊，遇事冷静理智，学会从事物的多方面、多角度去分析利弊，权衡得失，做到心态平和，摆正自己的人生定位。

（4）通过积极的引导，使学生具备良好的社会适应能力。

（四）核心目标：塑造完美的人格

塑造完善的人格是教育的永恒理念。只有形成了主体的人格，才能形成性格，才具有人格魅力，成为一个完美的人。从根本上来说，完善的人格就是要将逻辑与直觉、理智与情感相辅相成、协调互补的关系处理好。

完善的人格，体现的是积极进取、心胸宽广的人格特征；是将集体、国家的利益铭记于心，为了集体、国家的兴旺发达而自觉进行艰苦奋斗的人格。

（五）终极目标：人文精神的形成

人文精神，就是各种人文知识、艺术素养通过知识传授、教化示范、环境熏陶，内化为人格、气质、修养，升华为人的一种相对稳定的内在品格。在人文教育的过程中必须坚持主体性教育原则。主体性教育充分尊重受教育者的能动性、自主性和自觉性，使教育过程成为学生自我认识、自我选择、自我发展、自我完善的过程。这种对人的"终极关怀"的人文精神，不仅是对人的修养层面、情感层面的关注，而且是对人在追求真善美和自由而全面发展层面的关注。

需要强调的是，人文教育的这五个目标是相互协调、相互促进、相互渗透的关系。这些目标并不是独立存在的，而是一个循序渐进的过程，也是一个学生心灵逐渐净化、升华的过程，还是一个终身教育的过程。

第三节　创新教育理念

一、创新教育的概念界定

尽管创新教育在我国已经提出多年，但是，关于创新教育的概念界定至今没有准确的定论。关于创新教育概念的理解众说纷纭，其中，较为典型的理解有以下几种。

在理论界，对创新教育的概念讨论较多且流传较广的当属"价值取向说"。该学说认为，创新教育是指在基础教育阶段以培养人的创新精神和创新能力为基本价值取向的教育实践。这一概念理解有着非常广泛的影响。

教育哲学方面，将创新教育概念理解为"教育转向说"，其主要观点：创新教育是从

"守成性教育""维持性教育"到"创新性教育"的转向，是从注重教育的文化传承功能向注重教育的文化革新功能的转向。从严格意义上来说，这一观点还不能作为创新教育的概念界定。但这一观点在学术界的影响力也不容小觑。

国内有关学者对创新教育的概念界定为："创新教育，应该说是创新素质教育，是一种关于培养人的创新能力的教育。它是以激发人的创造本性为前提，以传授现代科学知识信息、训练创造性思维、学习创造技法为内容，以开发人的创造潜能、培养人的创新精神和实践能力、发展人们创造力、促进他们创新能力的发挥，并促进人的整体素质发展为目的的新型教育。"

还有学者将创新教育的概念界定为创新教育是指在基础教育阶段以培养人的创新精神和创新能力为基本价值取向，以发展人的创新潜能、弘扬人的主体精神、促进人的个性和谐发展为宗旨，以研究和解决如何培养学生创新意识、创新思维、创新能力以及创新个性为主要目标的教育理论和方法。

从上述这些观点可以看出，创新教育是素质教育的重要组成部分，是"以人为本"的个性化教育。创新教育是人的个性发展和知识经济时代的需要，其主要核心在于对人的创新意识的激发和挖掘、主要目的是弘扬人的创新精神，形成人的创新能力，全面提高人的创新素质，实现的主要目标则是培养创新人才，通过对传统教育的改革和创新，探索和构建一种新的教育模式。

相较于一般教育来说，创新教育有其自身的特殊性（表 1-1）。

表 1-1　一般教育与创新教育对比

项目	一般教育	创新教育
目标	单纯的知识传授、积累	培养求知欲和开发创造能力
要求	以记忆显现型思维为主，拘泥于现成理论	学生不满足于现成的知识和结论，尽力扩大知识面，将专业知识学习与多学科知识学习相结合，开阔视野，丰富想象力，提倡学习的多维性、多元性和自主性，提倡课堂教学与社会实践、调查研究相结合
教学内容	提倡统一性、规范化	在实践中，由以传授知识为主的观念向以培养能力为主的观念转化，由单纯"以分取人"的考试制度向"以创造能力取人"的全面考核制度转化，由"满堂灌"的教学方法向"启发式"的教学方法转化

由此可以将创新教育的概念界定为：创新教育是以人的个性发展为依据，通过教育过程，借助启发诱导的教育方式，以激发和开拓人的创新意识为核心，达到提高人的创新精神、创新能力为重点，以提高人的整体素质的目的，全面落实创新人才的培养目标。

二、创新教育的特征

创新教育的特征实际上是创新教育本身所具备的特性，这也是其与传统教育相对比的自身特有特征，具体如下。

（一）主体性

创新教育的主体性，是指创新教育行为的主体性特点。创新活动对于主体的外化过程是具有依赖性的，是由主体这个内因起作用的，离开了主体这个内因的作用，任何有利于创新的外因都将失去意义，因此可以确定，创新教育行为的主体性是外因通过内因而起作用的。创新教育的主体性强调教育要尊重和发展学生的主体意识和主动精神，自觉发展学生以创新为内核的主体性人格，培养和形成学生的健全个性。

我们可以将创新教育的主体性大致归纳为两个方面：一方面，是要唤起学生的主体意识，为创新行为做好心理上的准备；另一方面，是要发挥学生创新的主体精神，为创新意识转化为创新行为提供不竭的驱动力。总的来说，创新活动不是教师强加给学生的，而是源于学生创新的内驱力，在这一过程中，教师只起到"催化剂"的作用。

（二）全体性

创新教育的全体性，就是创新教育对象的全体性。其主要取决于知识经济时代教育的基础性地位。这里的知识创新在其经济增长上是非常重要的因素，处于关键性地位。而知识创新主要依赖于高素质创新人才的创新活动。学校教育就是培养和造就这种高素质创新人才的摇篮。这种基础性地位的摇篮性质对创新教育必须面向全体学生起到决定性的影响。因此，面向全体学生实施创新教育，真正使全体学生拥有创新精神、创新意识和创新能力，就成为现代社会教育发展的一个重要方向。

（三）共融性

创新教育的共融性是指创新教育努力塑造智商和情商的和谐共融，锤炼完美、健全的理想化人格。创新教育与传统教育是不同的，主要表现为其追求的是人格发展的和谐性与特异性的统一。只有这样，创新教育才能真正使个体生命成为宇宙的精华、万物的灵长，成为灿烂太阳底下大写的人。

（四）全面性

创新教育的全面性是指创新教育的内容是全面性的。其决定性因素为创新活动的规律和特点。创新教育的内容必须是全面的、系统的。某种意义上，也可以将创新教育理解为建立在素质教育基础上的全面性教育。创新教育必须贯穿于所有的学科教育之中，具体来说，就是把创新教育贯穿和渗透到德智体美劳等各育之中，并且在教育的内容上注重整体的结构性。从整体上来说，创新教育要培养学生的创新素质，而创新素质包含多个方面的要素，比如，创新意识、创新精神、创新动机、创新兴趣、创新人格、创新能力等。除此之外，还要注意在教育内容上也要做到安排的整体性。

（五）环境宽松性

创新教育的环境宽松性是指创新教育必须要创设一个有利于学生创新的宽松环境。创新教育的这一特点主要取决于创新人才成长的规律和特点。创新教育对创新环境的要求是比较高的，因为创新教育的实施必须是在一定的环境中才能实现的，在社会、学校和家庭中创造有利于学生创新意识、创新精神和创新能力培养和发展的宽松环境，造成学习上自由讨论、观点上兼容并蓄、开拓上行为解放、探索上大胆尝试的良好氛围，才能使创新思想大进发，创新精神大发扬，创新活力大奔放，为创新人才脱颖而出创造良好的创新教育环境。

（六）创新性

创新教育的创新性是指创新教育目标的创新性。创新教育将培养创新精神和创新能力的创新型人才作为主要目标，通过创新教育，学生的创新精神和创新能力可以得到生动活泼的发展。

（七）实践性

（1）创新教育的实践性注重对受教育者实践能力的培养，使之具有陶行知先生所说的"征服自然、改造社会"的本领。

（2）创新教育的实践性对受教育者社会活动能力的培养是非常重要的。

（3）创新教育的实践性强调受教育者处理社会问题的经验、技巧与技能的掌握和习得，从而能够较好地适应社会生活，从事社会实践活动。

三、创新教育的实施原则

在创新教育的实施过程中，需要遵循的原则有以下几个方面。

（一）德育为先原则

人的素质包括德、智、体、美劳等多个方面，其中，居于首位的是德，德育是灵魂，思想品德素质是最重要的素质。实施创新教育，就是为了以博大的人文精神去熏陶学生，把创新能力引导到正确的方向。创新能力本身没有好坏之分，"近朱者赤，近墨者黑"，创新能力主要受人的情感、道德品质的支配。当今世界，一个人的社会公德和职业道德如何，以及如何做人做事，往往会对人们的事业成败产生重要的决定性影响。因此，教师在创新教育中具有以下两个方面的重要职责：教会学生如何做人；教会学生如何思考。创新教育遵循德育为先的原则，向学生传授知识和能力。

（二）启蒙性原则

启蒙性原则，是指在实施创新教育时，要实施科学的启蒙教育。我国的教育，往往只注重知识体系，而忽略了其也是观察世界的方式，是科学的思想、科学的精神、科学的态度与科学的方法。关于真正意义上的科学启蒙教育，我国的教育方法是比较欠缺的，这也导致了学生的创新意识不强。现代脑生理学和儿童发展心理学研究表明，儿童拥有无限的创造潜能，他们中间蕴藏着极大的创新能力。创造潜能并不神秘，它来自人脑的巨大可塑性，体现了人特有的不可替代的价值。每一位正常儿童都有一定的创造潜能，都能通过创新教育实现其创造的追求。因此，创新教育应该从儿童牙牙学语时开始，抓好科学启蒙教育至关重要。

（三）主体性原则

主体性原则即在创新教育教学过程中要将学生这一主体充分体现出来。学生是学习的主体、发展的主体。学生的学习和发展都是通过他们自己的学习实践实现的。按照这一原则，在创新教育过程中，要做到以下两点。

（1）尽可能地为学生提供独立活动的机会、时间和空间。

（2）主体性学习应有"质"的规定性，具体来说，就是要有学习的积极性、主动性、独立性和创造性。

（四）发展性原则

发展性原则，是指创新教育，是发展性教育，在实施教育过程中要严格参照学生的身心发展规律来进行。学生的成长过程，实际上就是其生理、心理、知识、能力、经验等不断发展和完善的过程。这种发展包含着知识水平的发展，同时也包含着人格的发展。创新教育作为发展性教育，要以学生身心发展规律为参照依据，实现学生认知和个性发展的和谐统一。因此，在实施创新教育过程中，要对学生智商的发展和情商的发展同样重视；同时，也不能忽视对学生健全人格的培养以及认知水平的提高。

（五）尊重个性原则

尊重个性原则，是指在实施创新教育教学过程中，教师要创造良好的条件来使学生的个性得到充分发展。教师对每个学生的兴趣和爱好、特长和人格都持尊重态度，以一种平等、博爱、宽容、友善的心态对待每一个学生，使学生的身心得到自由的舒展，个性得到充分发展。

（六）问题性原则

问题性原则，是指教育者在实施创新教育过程中，以问题为线索来进行探究、发现、创新，通过积极的引导，使学生不断进行探索。要达到这一目标，要求教师在实施创新教育教学中做到以下几点要求。

（1）设计问题一定要注意新颖性与层次性。

（2）教师不能直接向学生提供现成的结论或解决问题的方法，而是让学生通过自己的探索去总结结论和方法。

（3）教师要善于启发学生提出问题，课堂上一定要创设问题的环境。

（七）创新性原则

创新教育本身就强调创新，因此，创新性是其本身自带的一个显著特征，具体来说，就是指教师在教育教学过程中，要锐意开拓，用新异的教育教学方式处理问题，从而使学生的创新思维、创新精神和创新能力得到培养和提升。在创新教育过程中遵循创新性原则，要做到三点要求。

（1）要选择多种结论的问题。

（2）开导思维的流畅性、变通性和精确性。

（3）鼓励学生大胆运用假设，对一个问题提出的合理假设越多，创新的可能性就越大。

（八）开放性原则

创新教育的开放性，主要是指创新教育教学实践中的开放性教学空间问题。创新教育遵循开放性原则，要满足四个条件。

（1）学生在课堂学习中要保持开放自由的心态，不受压抑。

（2）教学内容不能受限于教材和教师的知识视野。

（3）教师要重视对学生进行开放性思维训练，对学生的探索持客观评价的态度。

（4）教育方法要在课本、教师的所谓标准答案等的基础上有所突破。

（九）激励性原则

创新教育的激励性，是指在创新教育教学中，教师要采用积极的鼓励措施，使学生积极探索，对学生创新的动机、热情和信心起到激励作用。教师要培育学生对自己创新能力的自信和获得创新成就的勇气，鼓励学生积极探索和选择创新途径，寻找新方法。

第四节　体教融合理念

一、从体教结合到体教融合

为全面推动学生的全面发展，培养适应经济建设与社会发展的体育人才，教育部提出了"体教结合"的体育教学改革模式，并获得显著的成果。体教结合主要是指高校在开展课程教育的过程中，提升体育教学力度，引导学生参与体育活动，提升自身的心智水平和综合素质，形成终身体育的意识，从而使其成为促进我国体育事业快速发展的优秀人才。现阶段，体教结合已经广泛地应用于我国各大院校的体育教学工作中，主要包括三位一体、混合、省队校办三种模式，其中体教结合混合模式是较为常见的教学模式，主要分为"普通型"和"突出型"两种，而在奥运会或其他国际体育比赛中，混合模式为我国培养出大量优秀的体育人才。而相较于普通混合模式，突出混合模式能够结合学生的认知特点，提升体育教学的质量，丰富课程内容，培养出更多的运动员。而三位一体的体教结合模式，主要指高校通过将训练、教学、科研有机融合在一起，实现体育教学效果最佳的教学模式，该模式比较适用于一般性的体育院校。最后是省队校办体教结合模式，该模式能够充分发挥教育和体育系统的优势，然而由于比赛项目中存在大量观赏性的、影响力小的项目，致使省队校办模式难以得到有效的推广。

在体教结合的过程中，出现了越来越多的问题和弊端，而为有效满足当代教育的发展要求，推动学生的全面发展，需要将传统的体教结合发展为新型的体教融合。在概念界定层面上，体教融合主要是指全面培养优秀体育人才的教育模式，能够切实地解决传统体教结合所存在的弊端，使体教融合更有效、更全面地成为现代体育教学工作的有机组成部分。在解决体教结合问题上，体教融合主要有以下三种方法及策略。

首先，将教育系统和体育系统相融合，切实地实现"整体选材"的发展目标。其次，通过教育部门的引导与规制功能，提升体育教学在现代教育中的地位，推动体育人才的全面且健康的发展。最后，学校和体育部门联合构建运动员队伍，使体育教育逐渐纳入宏观管理体系之中，使地方教育更具针对性和目标性。

二、体教融合的深化

体教融合是体育和教育界的一个老话题。20世纪80年代中期，为了克服竞技体育人才培养的体制机制障碍，"体教结合"被提出并付诸实践，逐渐成为培养体育后备人才的重要举措。

当时体育和教育的分离是这一政策出台的背景。从问题的缘起上看，一方面，恢复高考后，应试教育加强导致学生负担加重，体育课受到排挤，难以全面开展；另一方面，为了取得高水平的运动成绩，参与训练的学生训练时间延长、训练量加大，文化课学习受到影响，而市场经济下运动员原有的退役保障制度也受到冲击。种种原因使得原有的训练体系以及学校体育和文化教育有机融合的态势遭到破坏，造成了体育和教育的分离。这种分离指的是运动员培养过程中体育和教育两个管理部门的分离，运动员文化学习和运动训练的分离，体育教育和其他学科教育的分离。为解决这一问题，从20世纪80年代中后期开始，教育部门和体育部门围绕教体结合、体教结合出台了一系列政策，进行了诸多尝试。比如，在普通高校试点招收高水平运动员、试办高水平运动队，在体育系统内部建立完整的体育中专体系，进行体工队"院校化"改革等。但这些措施都没能充分解决青少年学生包括青少年运动员的全面培养、协调可持续发展问题。

出于竞技体育超前发展的需要，体育系统建立了一套独立运行、自成体系的专业训练体制，在相当长的时间里，使得体育与教育内在价值的联系减少。

近年来，体育、教育部门在开展青少年校园足球和阳光体育一小时等活动及体育后备人才培养方面进行了一系列合作，取得了一定成效，但在指导思想、目标任务、资源融合等方面仍需改进和完善。

目前，学校体育工作还存在一些短板，体育教育重视不够、学生体质下降等问题仍未得到根本性解决；在体校教育中，文化也是薄弱环节。这些问题的解决需要进一步推动体教融合。

近年来，党中央高度重视青少年体育特别是学校体育工作，体教融合作为一个重要的理念变革和战略趋势，被赋予了新的使命。以前讲体教融合，更多的是强化体育与教育部门在竞技人才培养上的资源整合，是体育部门对教育部门在文化教育、后备人才培养、退役运动员安置方面的利益诉求。而当代体教融合，关注的是青少年全面、健康发展，从人的全面发展层面强调体育与教育在功能与目标上的充分融合。

深化体教融合针对的是全体青少年，并不是传统意义上的高校办高水平运动队、专业体院办竞技体校等。它的目的是促进青少年健康发展，培养德智体美劳全面发展的社会主义建设者和接班人，需要树立健康第一的教育理念，重点是推动青少年文化学习和体育锻炼协调发展，加强学校体育工作，完善青少年体育赛事体系。

体教融合不光是把体育和教育两个部门的资源简单相加，而是一种理念变革，这种理念要达到以文化人、体育人的目的，使体育在育人方面的综合功能和价值得到更大的释放，发挥更重要的作用。因此，体教融合是指体育和教育在价值、功能和目的上的充分融合，共同作用于青少年的发展。

在传统观念里有进行体育训练会影响学习成绩的偏见。体育锻炼对促进学生学习、提高学习成绩是有好处的，国内外大量研究已对此进行了佐证。体育是教育的重要组成部分，要真正做到德智体美劳全面发展，把体育上升到育人层面，跳出体育看体育，全面认识体育的真正意义和价值。

要全面、深刻地理解中央深改委从国家层面推动体教融合的本质意义，只有政府、部门和社会同向发力，体教融合的目标才能实现；要全面认识体育的多元功能和体育事业的重要价值，从服务青少年健康发展的高度，理解体教融合的责任使命；要全面更新育人观念，从人的全面发展的角度深刻理解体教融合的精神内涵。

体育和教育部门需要树立健康第一的教育理念，要在学校体育教育教学机制、人才培养机制、服务社会机制，在教育理念、教学方法、教学条件、社会参与方面一体化设计、一体化推进、一体化落实、一体化实施；确立学校体育的核心地位理念，体育部门主动融入学校体育，在提高体育课质量、开展业余训练、举办赛事方面发挥作用；树立体教协同育人理念，使体教融合产生"1＋1＞2"的效果；树立多元开放融合的发展理念，积极对接社会、市场，推动更多社会组织成长为青少年健康教育的新阵地。

除此之外，体教融合还需要通过转变教育理念、加强教育督导等举措，进一步深化学校体育教学改革，完善师资队伍建设、学校场地建设，加强校园安全防护体系建设。要把经费投入作为学校体育的重要保障，设置"生均体育经费"，在体育场馆、设施器材等硬件投入的同时，兼顾教师培训、医疗保障、科研等软件投入，全方位促进学校体育发展。

学校、家庭、社会三位一体的融合是今后推进体教融合的一个创新点。学校体育是中坚力量，但体育教育并不只是学校一方的责任，需要摆正学校体育的位置，充分认识家庭体育教育的作用，这是当前的一个薄弱环节，同时要正确认识社会体育教育，提高整个社会对于体育功能价值的认识。

体育教育水平的高低是国家综合实力的体现，体育回归教育是体教融合的现实选择与必然归宿。落实体教融合，促进体育更好地回归教育，是家庭、学校、社会、政府和个人的共同责任。

赛事是激发青少年体育锻炼的内生动力，也是体教融合的关键。学生体育赛事将由教育、体育两部门共同组织，整合两部门现有青少年体育赛事，建立分学段、跨区域的四级青少年体育赛事体系，并共同完善相关评价奖励机制等。

几十年来，体教融合的改革一直在探索中前行，但一些深层次问题尚未得到解决。教育和体育本来是相通相连的，但由于分属两个部门管理，一方面，带来了支撑、扶助，促进了某些方面加快发展；另一方面，也使本来相通相连的事情变成了各自独立、相互分割的事情。今后要以体制融合促成体教融合，把两个系统的力量协同起来，在高水平运动员培养、体育管理人才培养、学校体育发展、体育科技研究、体育产业发展等方面深度融合，协同发力。

青少年的体质健康关乎国家和民族的未来，从部门利益上升为国家利益，为国家战略服务，是体教融合进行部门协作、资源整合的基本前提。

随着人们对体育认识的改变，我国培养优秀竞技人才之路越走越宽广。而体教融合不仅着眼于培养优秀竞技人才，更重要的是要树立健康第一的教育理念，推动青少年文化学习和体育锻炼协调发展，加强学校体育工作，帮助学生在体育锻炼中享受乐趣、增强体质、健全人格、锤炼意志，为培养德智体美劳全面发展的社会主义建设者和接班人贡献体育和教育共同的力量。

第五节　现代教师素质观

一、教师与现代教师素质观

（一）教师的地位与作用

要了解和认识现代教师素质观，首先要对教师有一定的了解。教师是社会发展的产物，是教育的实施者。关于教师的概念，可以从广义上理解为，凡是增进他人的知识技能、影响他人思想品德形成的人；也可以从狭义理解为，是在各级各类学校及其他教育机构中专门从事教育教学工作的专业人员。不管是哪种意义上的教师都有着崇高的社会地位。

1．教师在社会中的地位

教师在人类社会的延续和发展中起着重要作用，有着崇高的社会地位。我国一直都有尊师重教的优良传统，古人有"天地君亲师"之说。尽管封建社会时期受"学而优则仕"和"官本位"的传统思想的影响，教师的社会地位大大降低，但是，后来随着国家对教育事业的重视，教师的社会地位也逐渐提高，不仅提高了政治地位，而且改善了的生活待遇。随着经济的发展和社会文明的进步，教师已经成为令人羡慕和受人尊敬的职业。

2．教师的作用

（1）教师的社会作用

第一，传递和传播人类的文化科学技术知识，对人类社会的延续和发展起着桥梁作用。第二，培养人良好的思想，塑造人高尚的品德。

（2）教师的教育作用

教师在教育过程中起着重要的主导作用。其原因有三：第一，教师是代表社会要求的施教者；第二，教师是专门的教育工作者；第三，教师是教育活动的组织者和领导者。教师的主导作用和学生的主动性的发挥相辅相成。

（二）现代教师素质观的主要内容

现代教师素质观，主要包含两个方面的内容：一方面，教师要具备一些具有时代性并且能有效应对社会变化的基本素质；另一方面，教师要具有适应社会发展的时代性素质，主要是指终身学习的能力、信息化能力以及研究性教学的能力等。

二、现代教师素质观之基本素质

对于现代教师来说，其应该具备的基本素质有以下这几个方面。

（一）正确的教育理念

现代教师要具有与时代精神相通的教育理念，教师对教育工作的本质、责任以及特点要有深刻的理解。要对教师所从事的是关系到社会的发展和民族与国家的未来，关系到每个人的生命价值和每个家庭的幸福与希望的重要事业有充分的认识，从而形成对事业的责任感和荣誉感。受这种正确理念的影响，教师在教育工作过程中才能做到以素质教育为本，把发展人的智力、开发人的个性放在首位；才能不断开拓自己的事业，努力寻求科学的教育教学方法；才能在教学活动中不断地完善、充实自己，形成自己独特的教学风格，实现由工匠型教师向专业型教师的转变。

（二）良好的职业形象

教师的劳动特点是劳动者与劳动工具的统一，教师的自身形象对于学生的发展来说，有着强烈的外在示范性与内在感染性等显著特点。教师的仪表、教风、言谈举止和良好习惯，都是教师良好素质的外化，同时教师也作为重要的动力对学生形成良好素质产生影响。"教师的全部工作就是为人师表。"只有这种良好的形象、规范的行为，才能对学生起到言传身教、潜移默化的作用，才能对学生良好人格的培养与形成提供一定的帮助。

（三）多元的知识结构

在教育实施的过程中，各科教师都要有互相配合的意识，应善于从学科交叉、学科对比与学科渗透等方面对学生进行教育。这就要求教师构建多元的知识结构。具体来说，就是要求教师首先要掌握扎实的专业知识，在此基础上，还要进一步学习自然科学和社会科学，研究前沿的最新成果和最新知识，学习和掌握更多的教育学和心理学的理论。

（四）多向的教育交往

在整个教育教学活动中，不仅涉及教师和学生，而且涉及学生家长、社会教育力量等多个方面，因此，进行多向的教育协调与交往就显得尤为重要。教师必须具有理解他人和与他人交往的能力，这样才有可能实现有效的教育。首先，教师要使学生积极主动地投入到教育活动中来，这就要求做好与学生的沟通；其次，教师必须克服以学科为中心的个体工作意识，与其他教师相互合作、相互支持；最后，教师还要建立与家长合作和相互支持的关系、与社会有关机构中的人员的协作关系。

（五）完善的能力结构

（1）教师要具有较高的获取知识的能力，包括搜集资料、查找资料及对资料的筛选、摘录与综述的能力。

（2）教师要具有较高的教学能力，包括教学常规、教学评价、教学实验和现代化教学手段的运用。

（3）教师要具有较高的教育能力，包括对学生进行个别教育、集体教育和组织、管理、协调、控制等能力。

（4）教师要具有较强的科研能力。

（六）健康的心理素质

教师的心理健康水平会直接影响到学生的心理健康与发展，因此，教师具有健康的心理素质是非常重要且必要的。

（1）教师要注意保持乐观的心境，保持积极振奋的精神状态。

（2）教师在学生面前要保持稳定的情绪，始终要将收获的喜悦传递给学生。

（3）教师要有宽容的心理，要能够容忍学生的无知，宽容学生的过错，使学生在愉快和谐的环境中健康成长。

三、现代教师素质观之专业精神

现代教师劳动特点主要表现为复杂性、创造性、示范性、长期性、前瞻性等。随着社会的发展和教育教学的需要，这几个劳动特点会发生一定的变化，但是，不管劳动特点怎么变，其使命是一直存在的，即努力学习，提高自身素质；实施素质教育，切实提高民族素质；勇于创新，并形成自己的教育特色和教学风格。

从教师专业性质和专业化过程的特点方面来说，现代教师应当具有的专业精神有以下几点。

（一）敬业乐业精神

敬业，是教师对自己所从事的专业工作发自内心的崇敬。不管是什么样的教师，都应当首先对教师专业有清晰而独特的了解和认识，怀有强烈的尊严感。这样，对于建立起坚定的专业信念，对社会的各种评价做出正确的、理性的判断都是非常有帮助的。

乐业。是教师对自己有正确认识的前提下，对专业工作表现得从容自在、心甘情愿。一旦成为一名教师，就要做到淡泊明志、清高有为，在敬业乐业中获得人生之乐。

（二）勤学进取精神

教师作为教育者，也需要不断学习，以适应教育发展的需求，因此，教师也是学习者。只有这样，才能真正成为知识和文化的化身，才能担起培育人才的重任。尤其是随着现代社会的发展，新知识、新观念、新理论不断涌现，教师几乎每天都面临着一个新的世界，只有不断勤奋前进，把学习当作自己工作乃至生命中不可缺少的部分，才能适应时代要求。否则，师生之间赖以建立多重关系的基础就会消失，教师的教育者地位也就不存在了。

（三）开拓创新精神

"教育即创造"，这是毋庸置疑的。现代教育在社会发展过程中也处于不断发展变化的状态中，学生本身具有个性化特点，再加上其各个方面的不断变化，时代发展对人的要求日新月异，这就对处于教育者的教师提出了更高的要求，因此，墨守成规、一味地凭借个人固有的经验进行教育教学是不被允许的了，而是要求教师敢于借鉴，勇于开拓，根据变化的情况，不断寻求适合教育对象的教育方案、方法和手段，使自己的教育教学活动更科学、更完善，建立起自己独特的教学风格。

（四）无私奉献精神

教育工作本身具有显著的细致性、艰巨性和复杂性等显著特点，教师所付出的劳动是无法进行量化衡量的。这必然要求教师对教育工作保持一种无私的奉献精神。这种精神的表现，就是教师尽可能淡化功利思想，不斤斤计较物质享受，不迷恋于世俗浮华，不对个人利益患得患失。一切以育人为上，全心全意把知识、智慧、爱心和时间和精力奉献给每一个学生。

（五）负责参与精神

教师的角色职能对教师必须有高度的负责精神和参与精神起到决定性影响。这里所说的负责精神的内涵有两个方面。一方面，教师要有高度的教育责任感，对每个工作环节都一丝不苟，对每个学生的健康成长都认真负责，尤其是对差生，更要加倍爱护，不可随意淘汰放弃；另一方面，教师要有高度的社会责任感，关心国家发展，捍卫民族文化，主张社会公平正义。这种负责精神又必然要求教师具有积极的参与精神，即参与学生生活，参与社会生活。

在现实教育教学活动中，教师的负责精神通常是强调的重点，但是，参与精神却往往被忽视，这与之前传统的教育思想与教育方式有着非常密切的关系。在一个时代中，教师是时代的光驱。教师以自己的实际行动，对社会生活关心参与，对社会现象评论批判，对社会理想追求，会构成一种潜在的、巨大的、动态的社会变革力量。尤其是现代学校的社会功能日趋增强，教师与社会的联系也更加频繁，这种力量越来越重要。

第六节　现代教育理念对体育教育的影响

一、明确体育教育理念的发展趋势

1.学生参与体育教育活动的积极性不断提升

"健康第一""终身体育"已经成为学校体育的指导思想，发挥着重要的指导作用。通过体育教育，广大学生终身从事体育锻炼的意识将更加牢固，学生学习体育的积极性更高，学校体育将为培养德、智、体、美、劳全面发展的高素质人才作出更大的贡献。

2.理性化程度越来越高

学校体育理论研究对理论联系实际的重视程度不断提高，理性化的发展趋势越来越显著，同时，还将更加重视科学论证，如问卷调查的科学性、样本的合理性、课题的科学设计与结果分析等均会进一步提高，并更加重视理论研究成果指导学校体育实践。

3.科学化与系统化程度越来越高

学校体育课程的结构体系和内容的科学化程度越来越高，体育课程标准在吸收国外体育课程标准经验和结合我国实际的基础上，课程标准的统一性与灵活性、适应性与发展性、人性化与层次化等方面都会进一步提高。

4.区域化、本土化和特色化越来越显著

学校体育教育发展的区域化、本土化和特色化程度越来越高，并逐步建立有中国特色的学校体育教育体系。

二、加强和完善学校体育管理制度建设

学校体育制度管理涉及的面较为广泛，有主管领导的责任，也有科研、教学、训练、后勤保障等方面。在进行管理时必须提出统筹规划，实行系统管理，才能达到良好的管理效果。

（一）体育教育制度管理

一整套科学的、系统的、符合客观实际的规章制度，能使体育教育各项工作的正常运转得到保证。这些制度包括：教师教学工作基本规范、教师的基本要求、教师的职责和权利、教学纪律、新上岗教师应具备的条件、备课、课堂教学、课程考核、教学研究、教学

组织、教学管理等。这些制度能够起到的作用有以下几点。

（1）规范作用。即规范相关的教育管理行为，使学校体育管理进一步走向规范化。

（2）保障作用。虽然制度建设不是必要条件，但是制度在塑造人的观念和行为方式上具有不可替代的价值。

（3）引导作用。制度中的种种规定，可以很好地引导教师向这些方向迈进，使自己的教育教学行为更好地符合制度的有关要求。通过制度建设，转变教师观念，驱动教师认同管理、积极参与管理是一条很重要的途径。

另外，要想将体育教育制度的作用充分发挥出来，需要遵循效率原则、参与原则。

（二）体育教学管理

从某种意义上来看，学校体育教学管理是学校整个体育工作的中心环节。只有重视和抓好这个环节，才能既保证体育课的教学质量，又能合理有效地开展其他体育活动。非但如此，体育教学管理所涉及的不只是体育教学的某些局部问题或某个侧面，而是整个体育教学工作的整体最优化问题。鉴于此，就要积极转变观念，树立体育教学的整体观；全面地探讨体育教学工作领域中的各个方面的关系和联系，综合地处理体育教学中所涉及的各种问题，促进体育教学工作整体最优化。

体育教学管理所涉及的范围是非常广泛的，概括起来可分为以下几个方面。

1. 人的管理

体育教学中的人的管理，一个是对体育教师的管理，主要是对体育教师教学工作的安排、指导和检查、监督，使其尽职尽责。同时要帮助他们不断地提高自己的教育、教学的素养和能力；一个是对学生的管理，主要是通过体育教师对所承担的体育课及有关的活动来进行的。其中包括对学生的组织、遵守教学常规、出勤情况、身体情况、学习情况（成绩）以及教学过程中的协调和控制等的管理。

2. 物的管理

体育教学中的物的管理主要是对体育场地、器材和设施的管理。具体来说，要做到以下几点。

（1）要建立管理条例。

（2）要账目清楚，登记清楚各种物品的规格、数量等，有检查制度。

（3）应有计划地增补、维修、自制体育教学设备和器材，提倡一物多用、废物利用、艰苦奋斗、勤俭节约。

3．财务的管理

在各级学校中，通常都拟一定的经费用于改善体育设施和体育教学条件。对于这些经费的使用要合理。

4．资料的管理

资料的管理主要包括与体育教学有关的资料和档案。体育教学档案的内容主要有：教育、体育行政部门下达的文件；本校制订的体育教学工作计划及有关规定；历年的教学研究和总结材料；学生体质健康卡片以及学生的体育成绩等。这类资料通常由学校体育教研室（组）保管，并且要分类存档。

5．时间管理

时间管理主要是保证体育教学在规定的时间以内完成预定的任务，通过制订时间计划表的形式，将规定的日期及应当完成的工作任务表现出来。

三、学校体育文化环境得到良好的营造与改善

学校体育文化环境是学校体育文化的重要环节，会对学生的体育自我意识、体育态度、体育价值观，以及其对体育的情感、兴趣、愿望、需要和体育审美情趣与习惯产生直接的影响。另外，学校体育文化环境对学校师生的生活质量、生活习惯及生活方式有着不容忽视的作用。学校体育文化环境能激发学生进行体育运动的欲望；能使学生形成正确的体育文化观；能陶冶学生情操，调节学生的生活节奏，促进学习。因此，学校体育文化环境的建设成了一个重要的课题。

学校体育文化环境的建设是一项长期的工程，应着眼于全面规划、长远建设，要同学校的总体建设相适应，同时还要适应社会政治、文化发展的大趋势。具体来说，可以从以下几个方面着手。

（一）科学规划学校体育文化环境建设

良好的学校体育文化环境的建设，是学校环境建设的一个重要组成部分，这是一个复杂而细致的工程，需要全校师生员工长期不懈的努力才能臻于完善。物质环境和精神环境同样如此。因此，必须重视学校体育文化环境建设的规划。具体来说，可以在学校总体建设的框架内，规划好学校师生开展体育文化活动必需的场所，使学校体育文化环境达到使用功能和审美需求的和谐统一，更好地将体育文化环境的作用发挥出来。

（二）创建学校体育文化环境

在创建学校体育文化环境的工作中，要同时将教育者的积极性和受教育者的积极性充

分发挥出来，尤其要重视后者对学校体育文化环境的主动、自觉地创建，创建一个良好的学校体育文化环境，依赖于全体师生员工的实现活动，是全校师生共同的责任。

（三）建设具有学校特色的体育文化环境

建设学校体育文化环境，还要从本校的传统和培养目标出发，建设具有学校特色的体育文化环境。例如，在校园内树立与本校传统体育项目有关的雕像，学校的宣传媒体经常广泛地宣传体育知识、名人名言、体育信息动态等。除此之外，学校还可以在每个运动场地或区域竖立该运动项目的宣传牌，上面写有该项目的名称、简介、技术要领及练习方法等。在这样的体育文化环境中，能使学生的生活方式发生潜移默化的变化，促进学生体育观念的改变，这对于弘扬民族传统体育文化、发扬爱国主义精神也是有所帮助的。

（四）加强学校体育文化环境的管理

加强学校体育文化环境的管理，能使学校体育文化的健康发展有一定保证。学校体育文化环境的建设涉及学校各方面的工作，要把学校各部门组织起来，制定相应的制度，进行科学化管理。有的学校虽然很重视校园体育文化环境的建设，但不善于管理，从而导致体育器材发生损坏或运动场地遭到破坏，甚至为了避免这些损坏和破坏，而禁止学生使用。这都是由于学校没有一个严格的管理制度，不仅造成了学校人力、物力和财力的浪费，而且会助长校园里的歪风邪气，难以形成良好的育人环境。因此，加强学校体育文化环境的管理，是学校体育文化健康发展、优化育人环境的重要保证。

第二章

健美操运动的价值探析

第一节　健美操运动的类型与特征

一、健美操运动的类型划分

目前健美操运动的种类繁多，根据其目的和任务可以分成三类：健身性健美操、竞技性健美操和表演性健美操。健身性健美操的目的是"健康第一"；竞技性健美操的目的是获得佳绩、夺得冠军；表演性健美操的目的是娱乐、观赏，追求形体美和愉悦性。

（一）健身性健美操

健身性健美操也称为大众健美操，它有音乐节奏鲜明、旋律轻松愉快、音乐速度较慢、动作简单、运动强度较低、动作形式多、以对称的方式出现、重复次数多、场地要求少、随意性大等特点。健身性健美操主要以健身、健美、健心为目的，集健身、娱乐、防病于一体的群众性和普及性健身运动。健美操的练习形式分为热身部分、有氧练习部分、形体练习和放松部分等几大块，成套动作一般是从头颈、四肢、全身、跳跃、放松等练习顺序来编排。活动的顺序是从身体的远端开始，逐渐过渡到躯干部位。健身性健美操适合人群广泛，是一项很好的体育休闲、娱乐健身活动。根据不同的分类标准，可以将健身性健美操分为以下方面：

（1）根据年龄划分。根据人在不同年龄阶段的不同生理、心理、体态、体能等特征和锻炼需要，将健身性健美操分为老年健美操、中年健美操、青年健美操、少儿健美操、幼儿健美操等。

（2）根据性别划分。按照性别分为男子健美操和女子健美操。男子健美操的动作设计突出"阳刚"，动作幅度大而有力；女子健美操的动作设计突出"阴柔"，强调的是艺术性和柔美性。

（3）根据人数划分。按照人数主要划分为单人、双人、三人、六人和集体健美操。集体健美操在练习时，除了包括平时锻炼的动作外，往往增加一些动作组合和队列、队形的变化，以反映练习者平时锻炼的情景。

（4）根据人体解剖部位划分。按人体解剖部位划分为颈部健美操、肩部健美操、手臂健美操、胸部健美操、腰腹部健美操、髋部健美操、腿部健美操等。这主要是针对人体某个部位进行针对性的健身锻炼。例如，腿部健美操主要锻炼腿部肌肉功能以及关节的灵活性。

（5）根据练习形式划分。按照练习的形式可以划分为徒手健美操、持轻器械健美操、专门器械健美操等，其中徒手健美操最为常见；持轻器械健美操中常用的器械有哑铃、球、橡皮带、彩带、棍等；专门器械健美操中常用的器械有踏板、健身球、圆盘、体操垫、健身器等。

（6）根据动作风格划分。按照动作风格划分为拳击健美操、搏击健美操、拉丁健美操、迪斯科健美操、武术健美操、舞蹈健美操、仿生健美操等。不同动作风格的健美操就是在传统健美操的基础上结合了其他不同运动项目的元素而形成的。例如，拉丁健美操中就是结合了恰恰、伦巴、桑巴等各种拉丁舞的元素，再结合现代健美操的基本步伐，使其动作丰富、时尚。

（7）根据目的和任务划分。按照目的和任务划分为形体健美操、康复健美操、热身健美操、韵律健美操、姿态健美操、保健健美操和减肥健美操、产后健美操等。

（二）竞技性健美操

竞技性健美操是根据竞赛规则与技术规程的要求，创编出的具有较高艺术性、展示运动员高水平专项技术能力的成套动作，以比赛取得优异成绩为主要目的的竞技运动。竞技健美操只进行自编动作比赛，自编动作必须符合要求，每套动作有一定的时间限制，成套的动作要根据其基本步伐、特色、难度、完成情况、时间、体型等各种因素来评分。

六人操项目已取消，现有男子单人操、女子单人操、混合双人操、三人操、五人操、有氧舞蹈、有氧踏板，并且为了保证比赛的规范性和公正性，对各项参赛人数、比赛场地、参赛服装和成套动作的时间等都做了严格的规定。

国际上较大规模的竞技性比赛有国际体操联合会组织的健美操世界锦标赛；国际健美操冠军联合会组织的世界健美操冠军赛；国际健美操联合会组织的健美操世界杯赛等。

我国正式的大型竞技健美操比赛有全国健美操锦标赛、全国健美操冠军赛、全国青少年健美操锦标赛等。

（三）表演性健美操

表演性健美操是指根据不同目的、场合、要求、表演者等情况进行编排，并在各种节日庆典和宣传活动中表演的健美操。表演性健美操的主要目的就是"表演"，在表演性健美操中竞赛规则、比赛人数、形式、规模及动作的设计和选择限制性较小，自由度较大，目的是使比赛更具观赏性。通过表演来展示健美操的魅力、价值和活力，使观众在观赏中陶冶情操、愉悦身心、净化心灵，同时起到宣传和推广健美操的作用。

表演性健美操的比赛时间一般为 2 ~ 5 分钟，内容可以根据需要和表演者的特点选择。为了取得较好的表演效果，一般动作重复较少，音乐速度可快可慢，强调动作的新颖性。表演者可以利用轻器械或一些风格化的舞蹈动作来烘托气氛、感染观众、增加表演效果。表演性健美操常用的形式有：有氧拉丁操、有氧搏击操、健身街舞、踏板操等。由于表演性健美操的动作比健身性健美操的动作复杂多变，因此要求表演者要具备较好的协调性，还要有一定的表演意识和集体配合的意识。表演性健美操主要分为以下三种：

（1）健身表演类健美操。健身表演性健美操主要有健身健美操、踏板操和搏击操，在这类操的创编中，需要有意识地强调该类健美操本身特点的动作，尽可能地展示动作本身给身体带来的作用，集中展示其精华部分。

（2）技巧表演类健美操。展示技巧类健美操强调以高难度动作等技术作为支撑，并融合技巧的成分，动作难度大是展示技巧类健美操的主要特征。

（3）艺术表演类健美操。艺术表演性健美操突出的是其外在艺术性。主要用于大型比赛和活动的开幕式或中场休息，以及新产品展示或活动现场，主要是为了吸引观众眼球，丰富群众体育文化生活；从外在展示上来说，突出的是动感美、活力美和韵律美。

二、健美操运动的主要特点

（一）健美操运动的总体特点

1. 美学特点

健美操这一体育项目与其他项目最为不同的一点是，健美操运动是以自然人体为对象的，是让练习者运用自己的力量实现自身关于人体美的追求。健美操从本质上来说是一种人体运动的方式，所讲究的是动作既要美观又要大方，而且还要在音乐的伴奏中，准确地将动作展现出来，符合节奏的规律。同时，在健美操训练的过程中，还要有效地运用身体的各个部位，使人体能够和谐地发展，培养比较匀称健美的体形。健美操不仅注意培养练习者的外在美，而且要注意对练习者的内在美的培养。因为人体运动是受主观意识指挥的一种精神作用的外在表现，所以人体又能在运动的过程中体现出意志、道德、情操、情感、作风、气质等内在美。健美操所表现出的力与美，即外在美与内在美，构成了健美操的美学特点。

2．力度特点

健美操运动不论是它的技术动作，还是它的难度动作，都是以力度为基础的，它所表现的力是力量、弹力、活力的综合。健美操动作所要求的力度和力量性是非常强的，它要求练习者在进行健美操动作时要展现出较高的力度感。健美操的这种力量性不同于体操的力量性，因为它没有体操的呆板性，其力量表达是更为自然的；健美操的这种力量性也不同于舞蹈的力量性，因为它没有舞蹈抒情性，其力量表达是更趋向于较为欢快、有力的力量展现方式。健美操的力度性具有强烈的感染力，是最能表达人的"个性"的。其运动方式所表现出的力与众不同，也是健美操的一个显著特点。

3．音乐特点

音乐是按一定规律运动着的声音，它能唤起人们长期积累起来的生活艺术的实践经验，使人在头脑中恢复某些事物之间的联系或形成某些事物联系关系的重新组合，使人们产生艺术联想。这种联想是形象性的，是以直接或间接的生活实践经验为依据的。音乐对人的情感、情绪变化以及对人体的运动都会产生重要的影响。针对健美操运动为何能够受到人们的喜爱，研究发现，不仅是因为健美操本身的功效性，而且因为现代音乐给健美操带来了活力。当练习者听到这种旋律优美的音乐及强劲的节奏之后，便会产生一种自然的、想参与的刺激作用。健美操音乐的旋律是轻快、优美或浑厚、沉稳、热情、奔放的，而绝不应是哀怨、消沉、伤感的颓废之音。音乐曲调健康活泼能振奋精神，消除身心紧张和疲劳，获得心理和生理上的平衡。

4．创新特点

人体的结构是复杂的，情绪是丰富的，并且性格还是迥异的，这也在一定程度上决定了健美操动作的丰富性。在健美操的动作中，不仅保留了徒手体操中各种类型的基本动作，而且吸收了相关的运动项目和艺术门类中的许多动作，再经过提炼、升华，从而使之成为具有健美操风格的动作。健美操动作通过七种基本步伐的变化和组合，身体关节面和轴的变化，各种队形的点、线及方向的变化，极大地丰富了健美操的内容，同时为健美操的创编提供了源源不断的素材。所以，不断创编出新颖的健美操动作是有利于健美操的发展的。

（二）健身性健美操运动的主要特点

（1）音乐的节奏性特点。根据实践可以发现，有节奏的运动能够使人的身体呈现最适宜的协调性，人们在收听音乐的过程中，会根据音的高低、快慢等节奏的变化，产生相应的身体的韵律感，从而可以在做健美操运动的时候更能够充满活力。健美操的音乐与普通的音乐相比的话，其不同之处是，健美操的音乐更能够激发健美操学员的情绪，能够使健美操学员在完成动作的过程中准确地把握每一个节拍，还能够陶冶健美操学员关于"美"的情操，消除和延缓其在练习健美操过程中的疲劳，增强健美操的练习效果。只有按照健美操的音乐来做动作时，才更能够展现出健美操的节奏性，才能使练习者从中体会锻炼给身体带来的变化。同时，调节人的思想情绪，提高人对美的鉴赏能力。

（2）运动过程的有氧性特点。健身性健美操在组合编排、动作设计方面始终遵循有氧运动的规律，保证练习者在长时间运动时摄入足够的氧以便促进体内脂肪的氧化分解，加快体内的新陈代谢，消除体内多余的脂肪，强化呼吸系统、心血管系统的机能，增进健康、增强体质。

（3）身体的节律性弹动特点。健身性的健美操所展现出来的是动作的节奏性，并且其节奏性是与健美操音乐的节奏相吻合的，是根据健美操音乐的节拍来完成各种各样的步伐。在动作过程中，身体节奏性的弹动是动作连续流畅完成的基本前提。

（4）健身的实效性特点。健身性健美操的目的是在健身的基础上把形体美、姿态美、动作美和精神美有机地结合起来，既注重外在美的训练，又强调内在美的培养。它是为了锻炼人们的身体，使其能够健美的发展，并且以人体解剖学等学科的理论为基础进行编排的。健美操的动作幅度一般是比较大的，其动作内容与其他运动相比也是比较多的。在全面锻炼人体的基础上，还可以对身体某一部位进行有针对性的锻炼，如胸部健美操、腰腹健美操、形体健美操等，让人们在练习健美操的过程中，不仅可以锻炼自己的身体，而且可以对自身的身体形态进行修正，这种健与美的统一，正是健美操本质特征的表现。

（5）身体姿态的控制性特点。健美操对于身体姿态的控制性是极强的，因为在练习健美操动作的过程中，不管健美操的动作是多么复杂，对于整个身体的要求是必须控制在标准健康位置之内。无论是进行徒手健美操练习，还是轻器械健美操练习，都必须保持身体姿态的健康位置。通过对身体姿态的控制体现动作的速度、幅度等，展现健美操的动作特点，并通过对身体姿态的控制来提高人体的体态美，实现健美操健身的功效。

（6）广泛的适应性特点。练习健美操的形式是多样的，并且在练习健美操的过程中，对于人的运动量的大小都是可以由练习者本身自我控制的，对于健身的场地要求也不是很高。健美操这一健身性的运动是适合各个年龄层的，对于性别、身体素质等方面也没有要求，是具有广泛群众性的健身性运动。健美操的娱乐性主要体现在人们在锻炼过程中所感受到的关于"美"的愉悦感。随着社会的发展，经济的进步，人们在享受物质生活的同时，对于精神文化的需求也越来越多。人们在不忙于工作的闲暇时间都在寻找能够释放压力的娱乐和锻炼方式。健美操是时代的产物，它那种激情奔放的动作和明快舒畅的音乐，可使人们在健美操锻炼的过程中消除在工作中产生的压力，得到情感上的释放。

（7）健身的安全性特点。健身性健美操的动作以及运动节奏，是符合人体运动规律的，并且其运动量也是人们所能够负荷的，是适合各种体质进行锻炼的有氧运动，可以使每个健身者在其体能所能承受的范围内进行身体的操练，从而可以在安全的范围内进行锻炼，达到快乐健身的目的。

（三）竞技性健美操运动的主要特点

（1）以传统健美操为基础。竞技健美操保留了传统健美操的基本特点，如动作的弹性与控制、传统健美操中常用的七种基本步伐以及体现肌肉力量的动作。不同于传统健美操的是竞技健美操的动作幅度更大、力度更强、速度更快，给观众的视觉感受更深刻、更有刺激性。竞技健美操是以传统健美操为基础，是在普及的基础上求发展，从比赛中求提高。

（2）难度较大，体能要求较高。竞技性的健美操运动对运动员的体能要求是比较高的，因为是需要运动员在音乐的伴奏下，连续完成复杂和高强度动作，难度是比较大的，所以对于参与竞技性的健美操运动的运动员的要求也比较高。

（3）高度的艺术性。竞技健美操属于难度较高的竞赛项目，其特征主要是体现在"健、力、美"三个方面，这就要求竞技健美操运动员必须规范、优美、自信和充满活力地完成动作。运动员在比赛中所表现出的健美的体魄、高超的技术、流畅的编排和充沛的体力等，充分体现出热情、活力、魅力以及非凡的气质，给人留下深刻的印象。

（4）节奏韵律感强。竞技性健美操的节奏是非常强烈的，其音乐特点也是比较强劲的，这样不仅可以烘托气氛，而且可以激发人们参与竞技的热情。竞技性的健美操音乐具有自己特有的形式，其主要作用是烘托成套动作的效果与气氛。运动员可以将音乐的风格用肢体语言和面部表情表演出来，同时音乐主旋律的选择、节奏速度、高低音和后期动效的制作可使运动员的表演得到升华，与观众产生共鸣。

第二节 健美操运动的健身与心理价值

一、健美操运动的健身锻炼价值

（一）改善运动者的身体形态

现代健美操对"美"有很高的要求，而不仅仅是对"健"很重视，现代健美操要求运动者反复练习身体的各个部位，使之保持正确的姿势，这有利于促进运动者身体的健康协调发展，有利于塑造优美的体型，也有利于运动者的自我完善。

现代健美操塑造优美形体的过程中对人体有较强的可塑性，人体的可塑性主要包括对身体形态与形体改变具有决定作用的因素。例如，脂肪的沉积程度、关节的灵活度、肌肉的强弱与发达程度以及胸廓和脊柱的形状等。总之，现代健美操对人体的形态改善具有非常重要的促进作用，是现代健身健美运动的首选运动项目。

1. 降低体脂率，使身体更加纤细

健美操运动是一项有氧健身运动，长期坚持锻炼能有效改变运动者的身体成分，最重要的是使运动者的体脂率发生变化。健美操运动对运动者的身体成分的改变并不是指宏观概念中的人体成分，而是运动系统组织的比例成分。

人体的运动系统由骨骼、肌肉和关节组成，其中骨骼和关节的比重最为稳定，肌肉的比重变化也不十分明显，由此，附着在肌肉上的脂肪就成为影响人体形态的重要因素。因此，现代人都非常注重减脂。体脂率是评判人体脂肪含量的一个重要标准，具体是指人体内脂肪重量在人体总体重的比例，又称为"体脂百分数"。正常成年人的体脂率分别是男 15%~18%，女 25%~28%。经常参加健美操运动健身的人所接受的健美操活动均为有氧运动。有氧运动可以明显增加脂蛋白酶的活性，如此可以充分动员脂肪供能，促进运动中和运动后体内的脂肪分解，增加脂肪的利用率，促进肌肉体积增大、力量增加，达到强身健体、保持优美线条的目的。

男性通过经常性的健美操健身运动，上臂皮脂、背部皮脂、腹部皮脂的厚度可明显减少，肌肉力量也获得提升，健身和健美效果可谓十分明显。正常人骨骼肌重量约占体重的40%，经常参加健美操运动的人的骨骼肌重量可达到 45%~50%。

人体内适当的脂肪含量是人体所必需的，它为人体提供能量的储藏以及起到一定的保温作用，但如果体内脂肪含量严重超标则会给身体带来负担，甚至成为多种疾病的诱发因

素。健美操运动健身锻炼能有效降低体脂率，可使运动者的身体更加纤细。

2．促进骨骼增长，使身体更加挺拔

骨骼是人体的"支架"，它是体内最坚实的组织，尽管如此，骨骼本身也是有一定弹性的，这种弹性会随着人的年龄的增加而减小。骨的表面有一层很薄的结缔组织是骨膜，骨膜下面是一层结构很坚实的骨密质，骨密质越厚，力量就越强。骨骼的内部拥有复杂的结构，它里面富含造血细胞、血管与神经。在骨的内层和长骨两端是结构疏松的骨松质，骨松质的形态像海绵状，它由骨小梁纵横交错，按受力方向排列，以保持骨的坚固而又不过重。另外，骨骼还具有自我修复的能力，这就是为什么人在骨折后经过对接还可以痊愈，而且骨折的相同部位甚至比骨折前更加坚硬、结实。经常参加健美操运动，可以使人体的骨骼发生以下良性变化：

（1）人体通过不断练习健美操运动中的跳跃、变向等动作，不仅促进了血液循环，增强了新陈代谢，而且有效地促进了骨的结构与功能的变化，使骨密质增厚，骨小梁的排列受肌肉的强力牵拉和外力的刺激作用，增强了骨的坚固性，韧带在骨骼上的附着部位：结节、粗隆和其他突起部位，变得更粗糙，这有利于肌肉和韧带更牢固地附着在骨骼上。这些变化都有利于骨骼承受更大的外力作用，提高了骨的抗扭、抗变、抗断和抗压能力。

（2）在健美操练习中，健美操动作对人体肌肉的牵拉作用也与骨骼的变化有关。肌肉力量的增加与骨量的增加有着显著相关性，且骨量增加部位与肌肉训练部位有关。当肌肉力量增大，肌肉收缩对骨骼产生的应力刺激可有效提高成骨细胞的活性，这种活性有利于保持骨骼的良好状态一直延续到进入中老年后，其表现为有效延缓骨质疏松症和减小骨折发生的概率。

（3）经常参加健美操运动，不仅可以使骨骼逐渐变粗，而且可以促进骨密度增加和骨质的提高，甚至还对骨骼长度（腿部骨骼）的增加有一定的辅助作用。如通过统计分析得出，经常参加健美操运动的青少年比不爱运动的同龄人身高平均高几厘米，这是因为骨骼两端有软质的骨骼，这层骺软骨在新陈代谢的作用下，不断地骨化而变为硬骨，同时又不断增生新的软骨，促进了骨的加长。这种骨骼的生长规律如果利用得当，对正处在青春发育期的青少年来说是非常有利的。

总的来说，健美操运动可使运动者的骨骼发育更健康、更结实、增长更快，有助于促进运动者身高发展，使其身体更加挺拔、修长。

3．塑造良好体态，使身形更加完美

体形和体态是形体的两个主要组成部分，健美操运动对塑造体形方面也具有非常明显的作用与功能。通过参加健美操运动，尤其是练习力量型动作，能够使骨骼变得粗壮，增加肌肉密度，从而对天生的体形缺陷具有一定的弥补作用，使人的身体匀称而健美。参加健美操运动还有利于加快体内新陈代谢的速度，从而消耗多余的脂肪，塑造完美的体形。这一价值适用于健美操运动健身的任何一个人群。

（1）儿童与青少年经常性地参与健美操运动，能够保持正确的身体姿态，使其生长发育的进程加快，同时也可以矫正畸形的身体形态。

（2）青年人经常性地参与健美操运动有利于保持矫健的体态，保持健康体质水平，并散发青春活力。

（3）中年人经常性地参与健美操运动有利于身体衰老的延缓，使其体态保持健康、良好的状态。

（4）老年人经常性地参与健美操运动有利于使骨骼变得结实，增加肌肉弹性，促进良好形体的保持。

（二）提高运动者的身体机能

现代健康新标准指出，健康应包括三个方面的内容：身体健康、心理健康以及社会适应能力强，而不是单指传统意义上的生理健康。现代社会流行一种积极的健康意识与观念，那就是"健康美"，机体最有效地促进其机能发挥的状态就是健康美。达到"健康美"需要具备的条件：有良好的自我感觉，对日常生活与工作中遇到的事情与问题能够轻松应付；精力充沛，心理状态良好，具有良好的参与社交的能力；在面对突发事件，有良好的处理能力等。

通过健美操运动能够使身体得到锻炼，促进身体健康，这是健美操运动强身健体作用的核心。健美操是全身各关节与肌肉共同参与的体育运动，注重身体的全面发展是它一直强调的问题，通过健美操练习，能够有效地保障运动者的头部、躯干、上下肢及身体各关节都处于良好的健康状态。具体来说，健美操促进和改善人体系统的机能的价值主要表现在以下五个方面：

1. 提高运动者的呼吸系统机能

肺部与鼻、喉、气管、支气管等呼吸道共同组成人体的呼吸系统。呼吸运动时气体的通道就是所谓的呼吸道，交换气体的场所就是所谓的肺部。健美操运动是一项有氧健身运动，能有效提高运动者的呼吸系统机能。

一般来说，女子的肺活量是2500毫升左右，男子的肺活量是3500毫升左右，男子与女子在正常情况下肺活量相差1000毫升左右；男子若经常参加体育锻炼，其肺活量可达到4000～7000毫升，女子若经常参加体育锻炼，其肺活量则可达到3500毫升左右，男子与女子在锻炼情况下肺活量相差 500 ～ 3500 毫升。由此可见，体育锻炼能够充分提高呼吸系统的通气与换气功能。安静状态下，正常人每分钟的呼吸频率为 12 ～ 18 次，肺通气量 4 ～ 7 升，健美操运动锻炼实践已经充分证实，参加健美操运动锻炼之后的人，若要达到同样的肺通气量，每分钟呼吸频率只需保持在 8 ～ 12 次即可。

健美操运动的练习有利于健全与完善人体的呼吸系统，使呼吸系统的构造和功能向良好方向转变。健美操运动能够使人体的肺组织弹性保持良好的状态，促使胸廓活动范围有所改进，从而加深呼吸时的深度，并随之加大人体的肺活量。在进行定量的健美操运动过程中，运动者的呼吸功能也可以表现出节省化的现象，能够有效地保持工作能力的持续状态，延缓工作能力下降的时间。呼吸系统储备功能的能力也很大，能够适应各种对呼吸系统要求较高的体育锻炼活动。完成一套有氧健美操，平均心率可达 150 次 / 分。健美操运动能刺激内脏器官运动，使氧气摄入量增大，提高呼吸效率，从而增强呼吸系统的功能。

2．提高运动者的心血管系统机能

正常人的每搏输出量为 70 ～ 90 毫升，时常参加运动的人每搏输出量为 100 ～ 120 毫升。在安静状态下没有经常参加体育运动的人的心率为每分钟 70 ～ 80 次，心脏容积为 785 毫升；而规律性参加体育运动的人的心率每分钟减少到 50 ～ 60 次，心脏容积随之增加到 1027 毫升。经常进行大强度运动的人的心率也会明显增加，最高每分钟会达到 220 次，而经常不运动的人每分钟心率只有 180 次。健美操运动可有效提高心血管系统机能，具体表现在以下五个方面：

（1）长时间持续进行健美操运动的锻炼，能够增粗心肌纤维，增强收缩力，同时能够增加每搏输出量，促使心脏储备力量的提高。在进行健美操运动的练习中，由于肌肉的活动量在持续增加，心脏的工作量也会有所增加，从而增加了心脏毛细血管的开放量，最终加快心肌的血液供应和新陈代谢速度。

（2）长时间进行健美操运动的锻炼，有利于心肌中蛋白质和糖原储备量的增加，会使心肌纤维逐渐变粗，变得强壮有力，改善心肌本身的循环。健美操运动的练习不但能够有利于增强心脏的收缩力量，而且能够促进心脏容量的增加，从而也促进心脏每分钟输出量和每搏输出量的增加。

（3）长时间持续进行健美操运动的锻炼，还能对血管壁的结构造成影响，器官中血管的分布会因为运动而发生改变。健美操运动对心血管疾病的发生具有良好的预防作用，能够有效地保护人体心脏健康。

（4）长时间持续进行健美操运动的锻炼，可对心脏起到良好的保护作用，在安静状态下，心脏脉搏的频率较低，活动状态下也不会有明显的升高，只有在剧烈活动状态下才会有较为明显的升高，然而活动一旦停止之后，心脏脉搏的频率又会恢复到安静状态时的水平。经常进行健美操运动，有利于增加动脉管壁的中膜的厚度，增加弹性纤维的数量，同时也有利于加强血管的运血功能。

（5）长时间持续进行健美操运动的锻炼，可有效提高肺泡通气量，增加血液氧含量，提高心肺功能。作为普通参与健美操健身的人来说，健美操运动的强度要远远小于专业健美操运动者，其有氧代谢供量比例会更大，一般达到 90% 以上。经常参加健美操运动可以有效提高肺泡通气量，改善心血管系统机能，增强机体的血氧利用率。

3. 提高运动者的神经系统功能

在健美操运动锻炼过程中，运动者的中枢神经系统对健美操运动具有支配与调节的作用。

健美操音乐是健美操运动非常重要的一个组成部分，运动者在动感十足的音乐伴奏下，不断变换健美操动作的类型、力度、速度、方向以及路线，动感的音乐有利于集中运动者的注意力，使运动者伴随音乐的变化做出积极快速的反应动作，从而促进运动者神经系统灵活性和均衡性的有效提高。

4. 改善运动者的消化系统功能

消化腺和消化道是组成人体消化系统的两个部分，健美操运动对于运动者消化系统功能的改善主要表现在促进消化吸收、减少消化道疾病两个方面。

（1）人体的肠胃等消化器官都会受到一些健美操动作的影响，例如，顶髋、提髋、绕髋等髋部动作以及屈、转、绕环等腰腹部动作都能够积极影响人体的消化器官，帮助运动者改进其消化功能，并且促进人体快速吸收营养物质。

（2）健美操运动的适度练习有利于运动者食欲的增加，促进运动者的心态时刻保持良好状态，并且能够预防疾病的发生，特别是对消化道疾病以及便秘等具有良好的预防作用。

5. 提高运动者的运动系统功能

促使人体运动是运动系统的主要功能，运动系统使人体在空间上发生移动，以及变换人体各部分的相互关系。骨、肌肉和关节三部分共同组成人体的运动系统。健美操对运动者运动系统功能的提高也主要表现在以下三个方面：

（1）促进骨骼健康发育。经常练习健美操能够使骨骼的新陈代谢速度加快，使血液循环得到良好的改善，从而使骨头密度提高，加强骨细胞的生长能力，使骨变得更粗壮、更坚固，粗壮坚固的骨头有利于提高抗弯曲、抗骨折、抗压缩以及抗扭转的能力。在儿童时期适当地开展健美操运动，有利于儿童骺软骨的健康生长，使儿童长得更高、更快、更健康。

（2）增加肌肉力量、提高肌肉工作效率。经常从事健美操运动的练习一方面有利于关节周围肌肉力量的不断增强，另一方面有利于肌肉和韧带灵活性的提高，从而使人体的关节活动范围逐步变大，关节的稳定性与灵活性也就会随之增强。健美操运动中的有氧运动有利于快速将人体肌肉部位的脂肪减掉，使肌肉的形状得到完美塑造。不管是数量上还是形态上，肌肉内的毛细血管都会因为健美操运动而发生改变，改变后的毛细血管有利于肌肉血液供给情况的改善，从而使肌肉的工作能力有所提高。

（3）巩固关节及其周围组织、增加关节灵活性。健美操运动的练习有利于增厚人体关节面骨密质，还有利于增粗关节周围的韧带和肌腱，从而使关节的稳固性变得更强，这样就可以有效预防关节有关的一些容易发生的运动损伤。

（三）发展运动者的身体素质

健美操运动是一项对全身各项身体素质发展均具有促进作用的体育健身运动项目，在健身运动项目中，健美操受到普遍的欢迎，最主要的原因是人们可以通过健美操运动锻炼身体、愉悦身心、陶冶情操、磨炼意志，得到多种多样的益处，健美操也因此可以不断发展，不断进步，不断受到越来越多人的欢迎。具体来说，现代健美操运动对运动者身体素质发展的价值主要表现在以下四个方面：

1．强化运动者的动作力量

徒手动作是现代健美操运动的基础动作，徒手动作主要是力量性的，力量性的徒手动作综合表现了运动者运动时的力量、弹动力、力度以及活力等，具体如下：

（1）现代健美操要求运动者在完成动作时要注意动作的力度与力量，并要求将较高的力度感展现在瞬间的控制力量或是短促的肌肉与延续力量中。

（2）现代健美操的动作也表现出一定的活力，主要是从不断变化的身体动作、弹性力较强的脚下动作以及持续进行的跑跳动作中展现出来的。

（3）现代健美操的动作所展现出的力量型风格可以从人体的健的风采、美的神韵和力的坚韧中综合反映出来。动作奔放不羁，情感上的力度也伴随其中。

（4）现代健美操动作的力量型也能够充分发挥运动者的个性，运动者强烈的吸引力、感染力以及自我表现力在现代健美操动作中表现得淋漓尽致。现代健美操在众多体育运动项目中，始终保持着力量型风格。

综上所述，健美操对运动者的肢体动作力量具有一定的要求，长期从事健美操运动能有效促进不同部位的力量素质发展。

2. 增强运动者的肌肉耐力

肌肉耐力是人体在进行各种运动中可以长时间保持肌肉力量的能力。在日常生活和体育健身中，良好的肌肉耐力是正常开展这些运动的基础，对于专业运动者来说肌肉耐力的意义就更加重要了。这里的肌肉是指人体在运动中为动作提供直接动力来源的骨骼肌。骨骼肌附着在人体的骨骼之上，它通过收缩，再加上关节的衔接作用使骨骼活动，从而产生人体的各种动作。

个体肌耐力的发展受多种因素影响，为了进一步了解肌耐力，首先要对肌纤维作进一步解释。通过研究和分析发现，肌纤维可分为快肌和慢肌两类，其中对肌肉耐力影响较大的是慢肌，又被称为"红肌"，红肌中含有较多的肌红蛋白。红肌发达的人，有氧耐力运动较好。健美操运动的运动方式刚好非常有助于氧化酶活性的提升，从而引起红肌纤维增粗。红肌还对人体神经系统调控能力的提高等起到积极作用，经常参加健美操运动，还可以使肌肉中三磷酸腺苷的含量增加，提高机体的供能量，促进肌肉中肌酸激酶的活性提高，耐乳酸的能力增强，从而提高了有氧氧化能力，提高肌肉的耐力，延长肌肉工作的时间。经常参加健美操运动可以使人的骨骼肌形态、结构和功能水平保持在同类人群中的较高水平。健美操运动还可以使骨骼肌发生一系列的适应性变化，这种变化具体表现在增加肌肉体积、增强结缔组织韧度、影响肌纤维类型和肌群收缩协调性等方面，详细分析如下：

（1）健美操运动可使肌肉体积增大，提高耐力。肌纤维又被称为"肌细胞"，它是构成肌肉的主要单位。健美操运动作为全身性运动，它对肌纤维的增粗起到积极的促进作用，肌纤维的增粗最终使得整块肌肉体积增大，进而使得该部位的肌肉群也随之增大。健美操运动也对人的耐力有较高的要求，在健美操运动健身中也经常会包含一些耐力性的训练，这种训练可使快肌纤维向慢肌纤维转化，其结果也是会使肌肉体积增加。

（2）健美操运动可增强肌肉结缔组织强韧水平。肌肉反复的收缩和牵拉可以促进肌腱和韧带中的细胞增生，同时这一运动过程在进行中还会使肌外膜和肌内膜增厚，抗牵拉强度提高，肌肉组织韧度增强，从而提高肌肉抗断能力。健美操运动中的大多数动作都会不断出现和反复，同时有许多动作非常依赖人体爆发力，这些运动特点使得健美操运动对增强肌肉结缔组织的强韧水平有较多的帮助。

（3）健美操运动可改变肌纤维类型和特点。参与健美操运动的人可以在运动中使自身的全部五大身体素质得到锻炼。健美操运动中表现出的力量对抗动作，可使肌纤维得到最大限度的发展，这种力量对抗对快肌纤维的增粗作用明显，健美操运动中体现出的耐力，可使肌纤维中线粒体数量增加，体积增大。通过健美操运动还能使肌肉中线粒体数量增多，体积增大，肌纤维中的毛细血管在健美操运动中开放的数量为安静时的 20 ~ 30 倍，这样可以增强肌肉中的血液循环，有利于肌肉进行长时间的紧张工作。

（4）健美操运动可提高肌群收缩协调性。参与健美操运动的过程中经常会遇到如急转急停、快速起动等技术动作，这些技术通过腰腹肌等力量改变身体位置、方向和速度，然而要想将这些动作做得准确无误，就需要身体各方面完美的协调，这种协调主要是对肌肉收缩协调性的要求，它使原动肌、对抗肌和固定肌共同收缩，相互配合，以确保工作的完成，从而改善和提高了这些肌群的协调性，使肌肉收缩的效率得到充分发挥。

（5）健美操运动可增加肌红蛋白含量、延缓疲劳。长期参加健美操运动的人会在体内储备足够量的肌糖原，健美操运动还会使肌红蛋白含量增多，这对于肌肉储氧能力的提升大有帮助。储氧能力的提升以及足够量肌糖原的储备都会在运动中起到最大限度减少乳酸生成的作用，有利于提高运动者的抗疲劳能力。

3. 改善运动者的身体柔韧性

作为有氧运动的一种，健美操运动有利于运动者身体柔韧性和灵敏性的发展。健美操运动是一种对人的身体进行全方位运动健身的健美项目。其中的跑、跳、转体等动作均要全身的每个部位协调参与才能完成，对全身各关节柔韧性的要求也不相同。所以，经常参加健美操运动可以有效改善身体的柔韧性。

健美操运动比较重视练习力度与幅度，和球类、田径等运动相比，健美操运动对运动者的身体柔韧性要求较高，健美操运动常包含一些屈、展、踢腿、劈腿等动作，为了更好地在健美操运动中表现出优异的柔韧素质，需要运动者在日常除了参加健美操运动外，还要进行一些柔韧素质练习，如可采用动力性和静力性拉伸练习方法。这种练习要特别注意遵循循序渐进的原则进行，在练习初期不要过快过猛，以防运动损伤或其他事故的发生。以后在逐步适应练习强度后再逐渐增加难度，如把动力性和静力性练习结合起来，把主动练习和被动练习结合起来，可收到更好的效果，进一步提高机体柔韧性，以适应健美操运动的动作要求。

4. 均衡运动者的全面系统健康

经常参加健美操运动，有利于肌肉力量的不断增强以及肌腱、韧带以及肌肉弹性的不断提高，从而促进运动者身体力量素质和柔韧素质的健康发展。能够全面健身与均衡健身是健美操运动最为突出的实际作用与锻炼作用，这一点在健美操创编过程中也得到了充分的体现。具体来说，编排健美操动作的过程中，设计者严格遵循了人体运动的生理规律，从上到下、从左到右，运动负荷从小到大、从弱到强，动作从简单到繁杂都是有规律可循的、不同年龄、不同身体素质水平、不同锻炼目的的练习都能找到适合自己的健美操运动方式。无论哪种方式，只要科学合理，就有利于其身体各个器官与系统的发展与健康。

5. 提高运动者的免疫力与恢复能力

健美操运动不但是塑形美体的有效运动方式，而且是医疗保健的有效方法，表现出医疗保健的作用。现代健美操运动对运动者身体机能和身体素质的提高与发展均具有重要的作用，长期坚持健美操锻炼，能有效提高身体免疫力，避免疾病的入侵。需要注意的是，系统的健美操锻炼应注意要把运动范围与运动量控制好，只有这样，才能充分发挥其对伤病的预防作用，起到良好的医疗保健作用。

对于一些病人、残疾人以及老年人来说，健美操运动也是一种医疗保健的科学方法。例如，有些病人下肢处于瘫痪状态，对于他们来说，可以通过在椅子或地上进行做操练习，这样既能够对下肢机能的恶化与衰退起到控制作用，也能够有效地锻炼其上肢与躯干。健美操能有效促进人体伤病的康复，因此，健美操运动可作为体育康复训练的一个重要组成部分。

总之，现代健美操需要持续较长的时间，竞技健美操具有较大的练习强度，这就要求运动者要具备一定的意志力来克服疲劳，同时也要求其耐力素质要好。健美操运动也有利于运动者表现能力和动作熟记能力的提高，有利于运动者神经系统的灵活性与均衡性的提高，从而极大地发展运动者的协调素质。所以，健美操运动能全面发展运动者的各项身体素质。

二、健美操运动的心理健康价值

（一）丰富运动者的情感

情绪状态是衡量人的心理状况如何的标准之一。情绪与心理是相互关联、相互影响的，即良好的情绪会带动心理产生愉悦感，此时人的行为往往较为亢奋和积极向上，而不良的情绪则会将心理引向消极的一面。当然，当人的心理较为健康时，也会带动情绪的稳定，反之带来不稳定的情绪。情绪与个体的心理健康相互影响。

运动能给人带来快乐，健美操运动是一种可以全方位锻炼人体的健身健美运动，健美操运动拥有广泛的人群基础。年龄较大的人参与健美操运动可以适当降低强度和减少时间，其目的在于通过健美操运动活动身体，多多排汗，而年轻人士更乐于体验其中的青春活力，这是增强身体素质和提升自我竞争意识的良好渠道。在广场上，人们进行健美操运动锻炼，享受运动带来的青春活力和大汗淋漓，都会感到兴奋和愉快。此类兴奋感和愉快感的存在就是得益于身体的剧烈运动，特别是随着健美操音乐而形成的优美的健身动作，能使运动者或参与者忘记疲劳，忘记伤痛，忘记一切烦心事，完全陶醉在兴奋和快乐之中。适当参与体育运动对缓解人的压力，促进良好情绪的生成有着巨大的作用。健美操运动作为颇受人们喜爱的健身健美运动，运动者可以通过参与其中转移个体不愉快的意识、情绪和行为，获得一个良好的缓解不良情绪的渠道，它不仅可以使人摆脱烦恼和痛苦，而且能够给人带来快乐和成功感。

健美操运动具有良好的观赏性，肢体动作优美、充满活力，一些运动会、集体活动经常会邀请一些健美操运动者来进行现场气氛的调动，对于参与者来说，在参与健美操运动的过程中，尤其是集体性健美操运动，每一个人都要通过自身的努力，完成健美操动作和集体动作造型的配合。出色的健美操运动表演和集体协作健身练习，能让健美操运动者在付出了大量体力和汗水后获得一种浓烈的成功感和成就感。这种运动能够使运动者充分体验到成功和喜悦，还有自信和成就感，这种成功体验会让人如痴如醉，长期如此可发展成为一种对成功感的追求。健美操运动被人欣赏，得到认可的成功和成就感使人们在心理上获得了良好的体验，它不仅可以丰富人们的生活内容，提高生活质量，而且能够影响青年人在生活或学习等多个领域积极向上、争取成功的心绪，促进运动者积极进取。

现代健美操运动以集体练习为主，在参与健美操运动过程中，对于运动者与其他健美操运动爱好者之间的交流具有重要的促进作用。这对健美操运动者体验人际交流的愉悦感、增加情感体验具有重要作用。在现代社会中几乎已经很少有只通过一个人的努力就能实现较大目标的情况了，而是已经转为团队合作模式开展工作。人际交流不止在日常的工作中体现，在学习、生活等各个方面，只要有人的地方就涉及到个人与他人的交流问题。人际交流是指在社会活动中，人与人之间进行信息交流和情感沟通的联系过程。与他人良好的交流可以最大限度地获取有效信息，使自己在处理事务的过程中感到事半功倍，反之则会感觉到处处碰壁。参加健美操运动是一种有助于体验人际交流愉悦感的活动，特别是对价值观、人生观和交友观尚未完全形成的青少年的人际交往能力具有更大的帮助。

健美操运动中，参与者之间不仅是简单的接触与交往，而且能够增强人与人之间接触和交往的机会。例如，队友们在对健美操集体造型动作的完成，需要同伴之间良好的沟通与配合，参与者之间必须进行交流。这种交流是健美操运动中所特有的交流形式，它会逐步转化成队友之间的人际交流和社会交流。通过队友之间的自然交流，有利于相互之间的进一步沟通，联络感情，协调人际关系，增加群体的认同感，愉悦身心。

（二）减轻运动者的焦虑

现代人面临各种压力，经常处于焦虑的状态，严重影响身心健康。所谓焦虑，具体是指对当前或未来的威胁所产生的恐惧和不安而形成的消极情绪状态。对于任何人来讲，如果焦虑状态持续太久，不仅会给人带来一种强烈的不安感，而且会影响人的心理状态，还会对人的身体状况构成威胁，会给人带来很大的痛苦。运动有助于消除个人的焦虑情绪，现代健美操运动能使运动者减轻焦虑。健美操欢快的音乐还有助于营造一种轻松、愉快的气氛，对于运动者健康心态的形成具有重要的促进作用。

1. 愉悦运动者的身心

健康包括生理健康和心理健康，良好的心情和心态是衡量个体是否健康的重要因素，随着社会经济的发展与时代的进步，生理上的健康已经不能满足人们对健康的要求与需要，人们也同样追求心理与行为的健康。

现代人越来越重视生活质量的提高，健康的思想与观念就是对健康的一种追求和健康心理的表现。人们的生活水平因为社会向前发展和时代的不断进步而不断得到提高与改善，然而生活水平提高的同时，人的精神也因为社会进步引起的强烈竞争而倍感压力，在精神压力持续加大下，人们的心理疾病也就随之产生了，这一现象已经得到社会的普遍关注。强大精神压力与严重的心理疾病还会导致身体疾病的发生，如癌症、高血压、心肌梗死等疾病的发生。要想解决这些不良心理，就必须要保持愉悦的心情，从根源上避免心理疾病的产生。

健美操运动具有协调优美的动作，人们在健美操运动的练习中，动作轻松优美，有利于心理紧张与烦恼情绪的缓解与排除，人们在练习中对健美操运动所带来的欢乐尽情享受，陶醉其中，内心逐渐得到安宁，精神压力逐步得到缓解，从而保持愉悦的心情与积极向上的活力。健美操运动不仅具有强身健体的作用，而且具有愉悦身心的作用，能够使人在运动中满足自身对美的追求。

健美操运动具有奔放愉悦的音乐，运动者在健美操运动练习过程中，在美妙的音乐节奏下进行身体练习，能够促进身体的全面锻炼。这样的健美操运动对人的精神压力具有缓解作用，能够对各种心理疾病的产生起到良好的预防作用。

2. 疏导运动者的不良情绪

就人体来讲，积极的人更容易接受积极的信息，而消极的人则更容易关注消极的信息。这一现象被称为是一种"吸引力法则"，作为一种人的心理现象，这种现象揭示的人的心理状态为如果过于思考或关注某项事物，那么与之相关的信息会大量的出现，由此会使人对此事物的进一步发展构成更深入的影响。用简单的例子来说明这个道理，即如果一个人非常关注令他心情愉悦的事情，那么他会收到更多与之相关的积极信息，从而让他更加开心；相反，如果他受到的都是挫折信息，那么越对这些信息思索就越会收到消极的信息，最终形成不良情绪。这种积极的良性循环和消极的恶性循环是一直存在的，并持续影响一个人的心理健康状态。

现代社会竞争激烈，并且这种竞争正在不断地加剧，每一个人都面临着不同年龄、行业、阶层的压力，很容易产生持续的焦虑心态，在吸引力法则的影响下，对于消极的人来讲，无疑会使他们陷入一种不良的循环之中，对于这一部分人群，为了缓解这种不良情绪对心理的影响，体育锻炼就经常被人们利用。因为身体运动会在运动中枢形成强烈的"优势兴奋灶"，它的兴奋水平要明显高于其他任何兴奋中心。所以这个"优势兴奋灶"会对其他中枢产生抑制，降低了其他兴奋灶的兴奋水平（这是一种保护性抑制），这就是体育运动可以消除心理疲劳和不良情绪状态的生理机制。

现代健美操运动的特点决定了它能有效调动和改善人的情绪，将人的消极心理改变，并将人所关注的"吸引力"变消极为积极。而健美操运动作为易于开展的运动，人们可以非常便捷地参与其中，参与健美操运动不仅有助于宣泄运动者消极的心理能量，而且通过健美操运动所特有的交流形式，经过自然的沟通，可以增进理解，疏导不良的情绪状态，缓解焦虑和抑郁症状，持续的健美操运动还有助于运动者进入一种良好心理的积极循环。

3．调节运动者的人际关系

人际关系是运动者作为社会成员的一员，必不可少的与社会其他个体之间的关系，人际交往在现代社会对每个人都是不可或缺的，它是一种以个人为对象，彼此联络感情，协调关系，寻求心理需要满足的活动方式和活动过程。从人类的进化史来看，自始至终都是群居动物，这点直到现代社会也是如此。从这一人类生存的原始属性就能得知，在现代社会中，任何一个正常的人都不可能脱离其他人而单独存在，人际交往是将个人与个人、个人与群体联结成社会网络必不可少的纽带。正常的人际交往可以获得他人的支持和帮助，可以减轻失望的痛苦和悲伤，不断提高个人的人际关系是培养健康心理的有效途径。

健美操属于集体运动项目，众多爱好与喜欢健美操的人聚集在一起进行练习，有利于人们提高社会交往能力。当前，无论国内还是国外，人们通常选择去健身房进行健美操运动的练习，健身房健美操运动的开展普遍是集体进行，人们在健美操教练的引领下共同练习。到俱乐部进行健美操练习的人各具特色，这种形式下进行健美操练习有利于人们社会交际范围的扩大，人们从单一的生活与工作环境中解脱出来，与不同的人群接触，可以使运动者的视野不断开阔，与人交流与沟通的能力也逐步加强，从而丰富了自己的生活。人们在健美操的集体练习中建立了深厚友谊，甚至成为对方生命中的一部分，对于个人良好人际关系的形成有重要影响，是个体获得群体认知的一种重要和有效途径。

在健美操表演活动和比赛过程中，健美操运动者需要在全队训练与比赛过程中进行各种形式的沟通。这就为人们参加健美操运动，提供了队友之间自然接触、自然交流的机会，即便是健美操运动健身时临时与陌生人组队参赛，他们也能逐渐在场上有所沟通和协调，以至于通过几轮比赛下来原本的陌生人彼此成为朋友，这种积极的情绪状态无疑可以使人自信、自尊、自豪、自强，并使烦恼、焦虑、抑郁、自卑等不良情绪得以缓解甚至是解除。经常参加健美操运动，有利于人的心胸开阔，融洽人际关系，提高幸福指数，培养良好的心境和健康的心态。

（三）完善运动者的人格

人格健康也是健康的一个重要组成部分，人的完全健康还包括拥有健全人格这个标准。健美操运动娱乐性、趣味性强，富有美感，具有一定的集体参与性，人们参与其中后会有若干积极的心理体验，这些体验有助于人们逐渐建立起健全的人格精神，并形成良好的审美观，同时，提高自己的气质美。

1. 完善运动者的个性心理特征

从健美操运动的集体参与性来看，该运动形式对运动者的个性心理特征的完善具有重要的作用。

个性心理特征是指个体身上表现出的带有稳定性和经常性的心理特点，对于健美操运动来说，可以将其从宏观上看成是一种团队与团队之间的对抗，而从较小的层面上来看，它又是团队中人与人的对抗。在集体性健美操运动中，每一个人的发挥都能决定团队的凝聚力，相反，也可以说团队的行为需要依靠每一个人来配合，必要时还要牺牲个人的利益，如得分或上场时间。这些特点表明，艰难中需要勇气，常态下需要创新，只有个人能力强，气质和性格健全，个性鲜明和人格独立的人，才敢于冒险和创新，才有可能在复杂困难的条件下坚持运动和健身锻炼，这种个性心理可以在日常生活中对人的心理产生重要的影响。

健美操运动对于运动者的良好个性的形成和健康心理的塑造具有重要的促进作用，有助于实现个性心理特征的自由发展。

2. 提高运动者的抗挫能力

健美操运动有其独特的自身规律。健美操运动是一种有氧健身健美运动，要想取得良好的健身效果，必须长时间坚持。健美操运动的一些动作对运动者的身体柔韧性要求较高，集体性健美操则需要队友之间不断的练习和配合才能完成。上述这些都需要运动者付出艰辛的努力，练习过程中，运动者需要克服来自体能、心理、与同伴的沟通配合中的一次次失败，这对于运动者的良好抗挫心理的建设具有重要意义。

健美操运动参与者不断获得磨炼自己、屡败屡战、不断进取的体验和心情。通过一次又一次的小挫折到中挫折，再到大挫折，不断提高自己抵抗失败打击的心理承受能力，如此进行下去，必定可以练就出一个可以经受千锤百炼且百折不挠的顽强意志。

通过健美操运动可以锻炼运动者谦虚谨慎、不骄不躁的心态，有助于运动者形成勇猛顽强、坚韧不拔、吃苦耐劳的意志品质，由此可以培养青年人的主动性、果断性、控制力、坚持力和创造力，这都是现代人人格精神的内涵，是激烈的社会竞争中必须具备的基本心理素质。

3．改善运动者的精神状态

现代健美操这一人体运动方式需要有美学等科学理论做基础指导，完成动作时，要求准确、大方、美观，也要讲究在造型、姿态、音乐、服饰、精神等方面具有协调的美感；健美操运动与美学之间具有密切的关系。早在古希腊时期，人们就充分认识到了体育对人的健康美的影响。在当时，健美的形体被认为是美的重要表现。健美操运动锻炼不仅能促进运动者身体健康，而且有助于塑造良好的形体，健美操运动的动作之美、技击之美、形体之美还会影响和提升参与者的审美意识和审美能力。健美操运动的以下特点决定了其在改善运动者的精神状态和提高运动者的气质美方面具有重要的促进作用。

第一，现代健美操运动注重艺术性。健美操注重艺术性，尤其是表演性健美操，其艺术性更加全面，综合反映在健美操的各个方面，例如，表演者的化妆、服装、动作表现、队形变化、配合造型，以及音乐选择、音响效果、灯光效应等，力求完美地进行健美操运动的表演。日常健身健美操不需要像现代健美操那样以健身为目的，不需要遵循严格的规律性，没有很强的严谨性，也不需要像竞技健美操那样，遵循严格的规定与要求，其非常强调对运动者艺术个性的体现。

第二，现代健美操运动动作富有特色。健身健美操的形成与发展离不开对艺术表演及其他体育项目的借鉴与吸收，它将其他体育项目的动作进行加工与完善，并把它们有机结合，创造出独特的表演性健美操。不同体育的动作风格与特色都能够在健美操中体现出来，而且现代健美操也在配合造型、操化动作、过渡连接等方面与其他运动的特点十分相似，但它更能将积极向上、健康活跃的动作特征表现出来。

第三，现代健美操运动欣赏价值高。现代健美操运动集舞蹈、健身、健美、音乐于一体，十分强调欣赏性。从这一点来看，在健美操的创编与设计中，欣赏者的兴趣与特征是首先要考虑的重点因素，其次要强调表演动作具有高度的观赏性。健身性健美操和表演性健美操，二者都不需要具备全面、难度系数较高的组合动作，队形也不要求有复杂的变化性，而是重视健美操动作美的视觉效果，注重动作的独特性与新颖性，有助于提高运动者和观赏者的艺术审美。

一个人的气质与风度在很大程度上受到身体姿态的影响,日常生活中对人们身体姿态的要求恰好与健美操运动中对运动者身体姿态的要求基本一致。经常参加健美操运动,有利于身体中多余脂肪的消除,使人体的吸收与消耗处于平衡状态,有利于促进肌肉、骨骼以及关节的匀称生长与协调发展,从而改善人们的不良身体形态,促进优美身体姿态的形成与保持,人们在日常生活中的良好气质与修养主要就是通过良好的身体姿态表现出来的,体态良好的人始终散发着一种活力澎湃、积极健康的气息。

第三节　健美操运动的美学与社会价值

一、健美操运动的美学艺术价值

人类自古就对美有着执着而强烈的追求,物换星移,时过境迁,如今的现代社会中,人们对于美的追求从来没有停止。伴随着社会经济的高效发展,人们生活质量、文化素养的不断提高,有追求美的心态,但缺乏追求美的行动与时间。随之而来的便是各种引发人体亚健康的情况,为了摆脱亚健康的困扰,人们对身体美和心灵美的追求愈来愈强烈,此时,具有生命活力,融体操、舞蹈、文化于一体的健美操成为人们追求身体美、心灵美的最佳方式。

(一)追求青春活力的身体美

在自然界当中,万物都是在不断地变化发展的,人为万物之灵,那么人类的身体美则是自然界万物发展到最高境界的美,即大自然中最高级的美。

人类的身体美是存在于现实生活中的一种美,它是现实生活环境中一种独特的审美对象。身体美多数表现在进行生命活动时,人体的动态变化之美。必须严格符合人体解剖学的特点和新陈代谢的生理规律。身体美的标准具有时代性和相对稳定性的特点。在体育美学中,身体美作为其特有的概念而存在。这种美多数都是在体育活动中得到最充分和最丰富的展示,只有通过锻炼才可以得到。身体美可以理解为是人类在感性形式上对自己的身体呈现的一种理想状态,或最高追求。与此同时,也就体现出身体美具有一定的特殊性,即只有在物质文化生活发展到一定水平,社会文明达到一定程度时,才有可能对身体美进行深入的研究。身体美的研究广泛地涉及众多学科，如生理学、解剖学、生物学、人类学、遗传学、哲学、心理学、美学、民族学、优生学等。因此，对于身体美的研究就更显得尤为重要了，其价值体现在以下方面：

第一，身体美的研究符合人类的健康理想。

第二，身体美的研究有助于人们树立正确的身体美的审美观。

第三，身体美的研究有利于人口素质的提高。从古至今，人类的各个方面都在不断进步，人类的身体无疑也应该一代更比一代完美，使身体美的研究可以为子孙后代造福。这也是遗传学、医疗学、优生学、形态学等学科理论不断更新的依据。

第四，对身体的美进行审美评价可以有效带动人们参与体育运动的热情度。如今社会，人们崇尚身体的瘦健为美，男性锻炼结实的肌肉，女性则千方百计保持苗条的身姿，这似乎已经成为一种"社会义务"，为在社会生活中，如谋职、工作中取得一定的形象加分，可以给人一种有能力、可靠的感觉。由于受这些社会因素的影响，人们将会更加愿意投入到体育运动中，塑造符合当今社会审美标准的身体形象。

身体美具有重要的价值，美的运动才会塑造出美的身体，通过人们对身体美的需求的不断提高，大量艺术性较强的和充分显示身体美的项目越来越受到大众的喜爱，例如，在健美操的基础上衍生的各种操类运动包括搏击操、瑜伽操、啦啦操、街舞操、拉丁操等。健美操就如同它的名字一样力图追求美和展示美。由此可见，健美操所体现的身体美是生命活力的有效展示，正是源于生命活力的灌注而释放的美。

（二）追求动态力量的运动美

运动是一切生命的源泉，运动是人类与体育有关的身体运动，是人类有组织、有目的、有规则的身体活动，即为培养全面发展的人的带有体育性质的身体运动。运动美是身体在运动的过程中所呈现出来的美，是人在参与体育活动中表现出来的动态变幻之美，也是人类审美领域中由体育运动带来的一种特殊的审美对象。

体操是通过徒手、持轻器械或在器械上完成不同类型与难度的单个动作、组合动作或成套动作，充分挖掘人的潜能，表现人的控制能力，并具有一定艺术要求的体育项目。体操的概念主要有以下三个方面：

第一，竞技层面上的体操，即竞技体操。竞技体操不仅仅是一项体育运动项目，更是竞技文化的一种表现形式。竞技体操有别于普通体操在于：其动作更为复杂，技术含量高，且动作套路的创编、搭配变化多端，每一个动作的完成都需要高超的技术水平。竞技体操的动作惊险，技术精湛，对运动员力量的要求是非常高的，这就可以带给观众极强的感官刺激，让观众赏心悦目的同时，给人一种勇于追求的欲望。

第二，基础层面上的体操，又称基本体操。这类体操通常出现在学校体育当中，在学校的教育中具有重要的价值。通过体操教学中力量的把握、身体倒置、变化形式繁多、艺术表现力强的特点以及现实生活中自我保护能力的培养等方面是其他学校体育教学内容无法替代的。

第三，拓展层面上的体操，即以体操为原型而衍生的其他运动项目。例如，艺术体操、蹦床、健美操及舞蹈等运动项目。

体操从它产生之时，就无时无刻不在向人们体现、展示着人体运动美中的力量美。在体操中，力量是最基础的，也是始终贯穿于体操运动整个过程中的。无论是展示个性、气质、精神面貌的内力，还是在完成每一个高难度动作时体现出的外力，无疑都体现出了人体的技术、力量和智慧的结晶，给人一种征服自然、创造自然的视觉冲击。每当体操运动员完成一套高难度、超乎人们想象的动作组合之后，人们都会被这种超乎寻常的力量所震撼，进而对其产生某种敬仰，从而感受到通过体操所带来的动态力量的运动美。

人体的健康、强壮、健美能够激起人们对青春和生命的强烈追求。当人们观看体操竞技比赛时，每一个体操运动员都拥有宽阔的肩臂、挺拔的胸肌、平展的腹部等集聚一身的完美身材。其身材本身就给人一种力量的美感。再看运动员在完成动作组合的过程中，不光有动作变幻的动态力量美，还有每一个动作保持过程中的静态力量美，在这动静结合中完美地诠释了运动美，带给人们以无尽的生命力的体验。

健美操作为体操项目中的一个分支，正是很好地继承了体操项目中动态力量的运动美，在体操的基础上更显活泼、动感、青春。在这种不断变幻的动态力量的驱使下，人体的生机和活力被展示得淋漓尽致。

（三）追求情感语言的人文美

人类是所有生物中最能够自我欣赏的物种，所创造的文化具有高于任何物种的独特审美价值。追求健康，是体育主要表现的一种具有自身特点的人文精神；这种人文精神所形成的观念，其主要宗旨是追求人类身体和心灵的和谐之美，这是对人类最终极关怀的完美体现。人文美已经上升到文化、精神的层面，是体育之美的最高表现形式。可以理解为通过身体运动这一过程中体现出的美，在被转化成情感上的领悟或认知之后，进一步升华成为人文价值层面的审美创造，即体育人文美的产生。具体可以分为：物种之美（类）、群体之美（种）、个人之美（属）三个层面。人文美又不同于身体美和运动美，身体美和运动美是显性的，而人文美相对来说是隐性的。人文则是体育文化当中的一部分，多属于精神层面。因此，要研究健美操人文美的渊源，就必须要从体育文化中的人文着手。

"体育文化"的渊源，必然是从"文化"开始的。从古至今，对于"文化"一词有广义与狭义的解释。取其中义的解释为：把它视为人类创造的产物，社会实践活动的结晶，构成社会诸种现象和事物的复合体。包括人们日常生活中的物质生活、精神生活及社会生活中的饮食文化、旅游文化、衣着文化、体育文化等内容。因此，将体育看成一种文化现象之后，便形成了体育文化，这是一种将所有与体育相关的东西全部综合起来的相关概念。与此同时，由于人类是大自然的创造物种之一，人类必须要努力地在自然中生存，同时还要不断地认识世界、改造世界。就是这样的一个过程中逐渐形成了三大科学体系，即自然科学、社会科学以及人文科学。体育作为一种人类所固有的身体语言，始终贯穿于人类自身的物质属性和精神属性之中，因此，自然科学是体育文化之根，人文科学是体育文化之母，社会科学是体育文化之翼。

通过对体育文化和人文的渊源的追溯之后，更加深刻地理解了通常所说的"体育的人文精神"。健美操作为大众喜爱的一项体育运动，固然是具有体育的人文精神的。由于健美操项目的特点，健美操的人文美更多地体现在了动作编排的规范美；队形变换的团队协作美；比赛进退场的礼仪美等方面。不论是日常练习或训练还是表演或比赛，整个参与健美操的全过程都有人文美的呈现。这些人文美无疑是符合"体育的人文精神"的。而体育的人文精神正是体育文化中最高的表现形式。可见，健美操的人文美源于体育文化。

（四）追求动感造型的艺术美

舞蹈艺术是人类历史上最早创造的艺术形式之一，在人类长期的生存与生产活动中，舞蹈艺术由过去的单一到多样、简单到精美，逐步显现出了多姿多彩的局面。

舞蹈是以人的肢体动作为主要艺术手段，通过提炼、组织、美化人的肢体动作着重表现包括语言文字等其他艺术形式所不能表现的人类精神的世界、内心的感受、细腻的情感、矛盾的思想、迥异的性格等人与人、自然、社会间及人自我内心矛盾的冲突，创造有血有肉的生动舞蹈形象，表达审美情感、审美理想，从而反映出生活的审美属性，且具有空间性、时间性及综合性的动态造型的艺术。舞蹈作为一种社会的审美形态，在远古人类求生存的时代就已经存在了。具体而言，舞蹈产生于以下方面：

（1）舞蹈起源于劳动。这一观点是由我国舞蹈史论工作者最早提出的。劳动创造了人，使人和动物有了本质的区别；劳动创造了社会，使舞蹈艺术有了自己的物质载体。

（2）舞蹈产生于模仿。这个最古老的理论是由古希腊哲学家提出的。他们认为人天性和本能就会模仿，人对自然的模仿就是舞蹈。

（3）舞蹈产生于游戏。此游戏并非通常人们说的游戏。是游戏学中的游戏，即指人的审美需求，以假象为快乐。

（4）舞蹈产生于表情。国外有关专家强调，原始民族的舞蹈在表现情感和交流方面的重要作用，这就印证了产生于表情之说。

舞蹈讲究的是人体动作的优美、造型的新颖独特、音乐节奏的变幻以及给人以美的享受和愉悦等，这些恰恰是健美操所延续的，健美操对动作、造型、节奏以及美的享受同样有明确的要求。舞蹈和健美操都是直观的塑造艺术形象，即它们的艺术价值能够直接依靠人们的视觉器官眼睛进行审美感知。可见，健美操的艺术美源于舞蹈艺术。

二、健美操运动的社会发展价值

（一）健美操运动对个体社会能力的提升价值

现代社会竞争激烈，个体要适应快节奏的现代生活，就必须不断提高自己的各项素质和能力，以适应社会发展，在社会竞争中取得胜利，现代健美操对个体社会能力的提升具有重要价值。

1. 提升运动者的创新精神与领导能力

健美操运动的创编对运动参与者创新精神具有重要的提升作用，现代健美操动作内容丰富、种类繁多，不同动作的组合对健身健美效果的影响不同。在健美操运动过程中，不同的运动者都会尝试不同的健美操动作和健美操动作组合，这会在无形中形成一种创新意识。健美操运动有利于培养人的良好思维能力、应变能力、创新意识和开拓精神。这种优秀品质不仅表现在运动场上，而且也会迁移到日常的工作、学习和生活中，有利于处在不同阶段的人开拓自身不断创新的精神。

集体表演性健美操运动是一项集体运动，也是一项组织严密和协调运作的体育运动。健美操运动过程中，要求运动者具备良好的个人技术，还需要整个团队协同配合、各展所长、顺畅沟通和配合默契。长期参加健美操运动训练，有利于培养青年人的创新意识和开拓精神，有利于培养健美操运动参与者的合作意识和竞争能力，有利于培养人们的沟通意识和组织能力。这些良好的品质可以影响人们的价值观念，可以有效提高运动者的团队管理能力，对健美操运动者的个人领导能力也具有重要的促进作用。

2. 提升运动者的合作精神与竞争能力

以健美操运动的集体练习和训练为例，集体表演性健美操对运动者的合作精神与竞争能力具有重要的提升价值。

在现代社会中，合作是两人或两人以上为达到共同目的，在行动上相互配合的一种互动形式。合作与竞争一样，是人与人相互作用的基本形式。在现代社会中，个人所掌握的知识或能力再多再高也是有限的。现代社会的工作模式几乎全部为团队协作模式，这完全印证了真正的力量在于集体之中的道理，合作是人类社会生活中常见的现象，这种沟通与合作具有普遍的社会意义，是团队获得胜利的基础。

健美操运动中，良好的集体配合与造型表现充满着合作精神，健美操比赛中，团队与团队之间又会形成一种竞争关系。健美操竞赛中的竞争与合作贯穿始终，表演性健美操运动的集体性规律，充分体现在协同配合和团队作风上；运动者只有很好地融入集体，整体才能发挥出最大的力量，并为运动者更好地发挥打下坚实的基础。

3. 提升运动者的沟通精神与表达能力

人们在日常生活、工作和社会活动中会谋求与他人建立一定的感情联系，满足心理需求。友好和亲近的关系会带来正面的心理满足，而如果与他人构成了一种紧张、对抗和敌视的关系则会给生活带来压力和焦虑。所以，人际关系的本质是情感的社会交流，而沟通是人际关系中最基本和最常见的要素和具体表现。

健美操运动练习，能为运动者提供一个与其他人交流的场所和契机，集体性健美操中团队协作的运动本质和队友之间高度依赖的特点为人与人之间的相互沟通提供了良好的平台。在竞技健美操比赛中，个人目标的实现都要依附在集体目标的实现之上，而集体目标的实现又是该团队全体成员共同努力的结果。实现整个团队的集体目标，需要具备良好的组织能力，统一思想，统一行动；同时健美操比赛也为培养良好的组织能力创造了条件。

随着健美操运动的进一步普及与发展，现代健美操运动各种活动和竞赛越来越多，健美操运动逐渐成为人与人、团体与团体、国家与国家之间相互交流的工具，成为建立理解、信任、团结与友谊的桥梁。凡是亲身参与健美操运动或观看健美操比赛的人，都会在共同参与中得到满足和愉悦，人们在共同体验和欣赏健美操运动美的同时，建立良好的人际关系、社会关系。

健美操运动中人与人、团体与团体之间的沟通，不仅是语言的沟通与表达，而且表现在肢体语言表达方面，健美操练习能使运动者的表达能力（包括语言表达能力、表情表达、肢体表达等）更加丰富。一个人要想融入其中，就必须要与他人建立起良好的人际关系，如此在日后开展学习或工作时才能大家彼此帮助，引起事半功倍的效果。人与人之间在沟通过程中所获得的心理满足，而人际的交流都依赖于人与人之间的沟通。沟通更像是一门语言的艺术，更是一种能力表现。

4．提升运动者的适应能力与生活质量

人既是有着器官组织的生物人，也是有着丰富情感和独特个性的心理人，而从本质上看，人又是一个社会人，扮演着各种各样的社会角色。在健美操运动中，运动者可以体验不同的社会角色，如学员、同伴、观赏者、评判者等、艺术化表演健美操中的情景设置，更是能让运动者和观众体验更多丰富多彩的角色和角色情感，每位参与者在健美操运动过程中都能充分体验到不同角色的情感体验。通过在健美操中的角色转移，可以使参与者理解健美操运动中的不同角色和角色转换的心理体验。人在社会中学习、生活、工作，也需要面临不同的社会角色，如学生、家人、朋友、同事、竞争者、领导者等，这些不同的社会角色的定位与角色的转换也是根据社会的需要确定的，它是与人们的某种社会地位和身份相适应的。在很多情况下，角色如果发生了变化，人的心态也要随之进行调整。经常参加健美操活动，将有助于理解角色的含义，尽快地适应周围环境，并能通过自身的努力，适应不同的社会角色。

社会经济科技的快速发展，给人们的生活方式带来了深刻的变化。这是由于社会生活条件对生活方式产生制约影响的结果，在不同的历史时期和社会背景下，人们的生活均会或多或少地打上时代的烙印。现代科学技术在为人类提供现代化的工作和生活条件的同时，也给人们带来了更多的心理刺激。作为社会成员，如果不能适应快节奏的现代社会生活，就会在生理上或心理上出现障碍，最终将导致体质的下降。健美操运动是一种健康的休闲娱乐运动项目，经常参与健美操运动则可以影射到现代生活当中，对人们的生活方式产生深刻的影响。

经常参加健美操运动的人，白天在运动中消耗了大量的能量，到了晚上睡觉时都会自觉休息，尽快恢复自己的体力；并且注意合理必要的饮食，补充人体必需的能量。在集体性健美操运动练习过程中，健美操运动对不同学员在训练方面是有一定要求的，这些基本要求都有利于规范现代人的作息时间、保证必要的营养等。现代人生活的规律性，是保障良好的身体素质的前提。因此，经常参加健美操运动有利于培养人的良好生活习惯。

健美操运动的轻快的音乐和动作练习有利于提高人们适应环境的能力，健美操运动爱好者充沛的体力和精力，是适应快节奏环境的物质基础。健美操运动的趣味性有利于释放人们的身心压力。越来越多的人已积极投身于健美操运动，他们不愿意仅满足于作为一名健美操比赛的欣赏者，而是期待早日身体力行参与其中，亲身体验"生命在于运动"的真谛。健美操运动能给参与者的生理、心理、社会适应能力均带来良好的发展。运动者从事健美操运动体验到的是身体运动带来的快感，人际交流带来的愉悦，心理沟通带来的满足，文化交流带来的思考与感悟，实现的是现代人的价值观念和文化追求。健美操运动已经成为现代人生活中的一项重要内容，对于现代人享受健康生活、提高生活质量具有重要影响。

（二）健美操运动对整体社会发展的促进价值

1.规范个人的社会行为习惯

健美操运动是一项讲求规则的运动，参与者都要在比赛规则的约束下进行表演与比赛，健美操运动比赛中始终贯穿的体育道德精神有助于规范运动者行为，从而使人获得对现代社会生活方式的模拟与演练，以培养人们形成健康文明的社会行为习惯。

（1）健美操竞赛规则对个人社会行为的约束。健美操运动中，每个运动者的行为都要符合健美操规则，要自觉养成遵守规则的行为习惯。健美操比赛中，任何规则所不允许的比赛言行，不仅要受到规则的严厉处罚，同时还要受到社会规则和社会公德的谴责，情节严重的还将受到法律的制裁。健美操比赛对于运动员的技术动作有着严格的要求，明确指出什么动作能做，什么动作不能做，可以完成的动作应具有哪些具体的技术标准和要求，参与健美操运动的人在长期"不断提醒与规范行为"的环境中，会逐渐理解与遵守健美操规则，长此以往，这种思维会在人身处社会环境中得到潜移默化的影响，即人也越发注重社会行为规范。

（2）体育道德精神对个人的社会行为的影响。作为一种特殊的体育文化形式，健美操运动的竞赛规则和体育道德精神，从更深的意义上讲，还有文化的约束力，如伦理、道德等。体育的道德精神和竞赛规则，保证了双方在公平合理的条件下展开攻防对抗，保护健康文明和积极合理的行为，限制粗野动作和不礼貌、不道德的行为。健美操运动者所拥有的众多良好品质，都会迁移到日常的工作、学习和生活中，有利于规范人的行为。

2.促进社会的精神文明建设

（1）构建社会主义民主意识。民主是社会进步的一个重要标志，是社会文明的象征，健美操锻炼参与的大众性和比赛结果评定的公开性，在程序上决定了健美操比赛必定是一个民主过程，运动者在参与过程中能建立民主意识。在我国实施的"全面健身"计划和"奥运争光"计划的过程中，竞技健美操和大众健美操都同样具有很强的吸引力。对于健美操运动爱好者来讲，人人都可以平等地参加每一项健美操活动，并在活动中"获取与其天赋相适应的运动成就"，在健美操正式和非正式的比赛中，每个人都能从组织或锻炼实践中感触民主化程序，这就使得健美操比赛的参与者主动或被动地养成民主化的作风，有助于其社会性民主意识的形成。

（2）促进社会文化的发展与丰富。健美操运动具有丰富的健身价值，这就使得健美操运动在大众健身运动中具有广泛的群众基础，如今，健美操运动已经成为名副其实的全球性社会文化和全民性健身强体、修德养心的工具和手段，这种运动性文化色彩的氛围将不断深化，并且成为社会生活的特殊组成部分。另外，世界范围内开展的健美操运动的形式更加多样，其中比较具有代表性的有街头健美操、轮椅健美操等，这些健美操运动形式有着较强的趣味性和健身性，受到人们的广泛欢迎与喜爱。就我国健美操运动的发展状况而言，大众健美操不受年龄和性别等因素的限制，受到越来越多的健身健美爱好者的关注与参与，它能够丰富和活跃人们的业余文化生活，起到振奋民族精神、推动社会发展与进步、促进社会主义精神文明建设的作用。

3．推动社会的经济繁荣发展

（1）提高劳动力质量和工作效率。积极地促进人们的身心健康，提高人们的劳动、工作和学习效率，参与健美操运动可以被看作是对人力资源的一种投资行为。而这种投资所获得的效果就是将人的身体转化为健康的身体，以便更好地投入到生产当中的资本存量，而提升人力资本对促进和实现人的现代化和社会经济的发展具有重要的作用。

（2）促进体育健身及相关产业发展。体育的发展能带来良好的经济效益，这一点在现代健美操运动中得到了充分体现。健美操所特有的保健、医疗、健身、健美、娱乐的实用价值，深受现代人们的喜欢和重视，社会中不同年龄的爱好者纷纷参与到健美操运动中来，并逐渐形成了一定规模的消费群体。目前，现代健美操比赛已进入商业化阶段，对经济的发展、市场的繁荣、效益的产业化起到积极的促进作用。而深受人们喜爱的大众健美操运动在年龄、性别等方面均无限制，因而对于人们身心健康水平以及工作和学习效率的提高是较为有利的。各种健身俱乐部的兴起，不仅满足了广大人民群众的健美操科学健身及健身指导需求，而且促进了体育经济的发展。大众健美操的广泛开展，也促进了服装业、音像制品业、医疗卫生、广播广告业等相关产业的连带发展。

现代健美操运动的广泛普及和健美操文化的深入发展，健美操运动逐渐成为具有强大影响力的一项体育娱乐休闲产业，其所带来的巨大经济价值反过来也会促进健美操运动的进一步丰富和发展。

第三章

健美操运动的理论依据

健美操的相关训练需要科学理论的支撑，并由其指导相关动作的教学。健美操相关的理论基础包括生理学基础和心理学基础。在生理学方面，物质和能量的代谢是影响人体机能的重要生理活动，与健美操运动之间有紧密的联系；在心理学方面，人体的个性和心理也会在一定程度上影响健美操运动。在进行健美操运动过程中，避免不了各种运动损伤的发生，为了更好地进行健美操训练，我们还需要进行对健美操运动损伤的防治。本章将对健美操训练的生理学基础、心理学基础以及健美操训练的运动损伤与防治进行详细介绍。

第一节　健美操运动的生理学基础

一、健美操运动的物质代谢

（一）糖代谢

在介绍健美操运动中糖的代谢过程之前，需要先对糖进行一定的了解。糖作为人体组织细胞中一种重要的组成成分，对人体具有非常关键的作用。人体内的糖能提供70%人体所需的能量，是运动员所需能量的重要来源。除此之外，由于糖在氧化过程中所需的氧比脂肪和蛋白质更少，因此，也是肌肉和脑细胞活动过程中的首选和最经济的功能物质。在健美操运动中，糖会根据运动负荷的不同，在体内产生不同的变化，也就是说糖的代谢与运动负荷有关。

1．糖的代谢过程

人体内糖的储存形式为糖原，其在人体内的代谢过程可分为糖原的合成和糖原的分解两部分。

糖原的合成过程可分为三个步骤：首先，人体内的糖在消化酶的作用下被转化为易被吸收的葡萄糖分子；其次，葡萄糖分子在葡萄糖运载蛋白的帮助下进入血液中，成为血糖；最后，血糖进一步合成为大分子的糖原。糖原的类别有很多，人体内的糖原大部分以肝糖原和肌糖原的形式存在，肝糖原是在肝脏中合成并储存的，肌糖原是在肌肉中合成并储存的。糖原的合成除了以葡萄糖为原料外，还包括一些非糖物质，如人体内的乳酸、丙氨酸、甘油等，这些非糖物质通过肝脏的作用转变为葡萄糖或糖原，这一过程也被称为糖的异生作用。

糖在人体内的主要分解途径有三种：糖酵解（即糖的无氧氧化）、柠檬酸循环（有氧化）以及磷酸戊糖途径。在无氧条件下，葡萄糖经糖酵解生成丙酮酸，然后经乳酸发酵生成乳酸；在有氧条件下，葡萄糖经糖酵解生成丙酮酸，丙酮酸在线粒体内生成乙酰辅酶 A，乙酰辅酶 A 再经过三羧酸循环最后生成二氧化碳和水；在磷酸戊糖途径中也有二氧化碳和水的产生。以上三种分解途径中，第一种和第二种的过程中有能量的产生，在第三种途径中则没有。

2．健美操运动对血糖的影响

健美操运动对人的血糖变化是有一定影响的，但是否发生变化则由进行健美操运动时间的长短以及从事健美操运动的类别决定。一般来说，偶尔进行健美操运动的人和正常人的血糖浓度并没有什么不同，始终围绕在 3.9 ～ 5.9 毫摩尔 / 升的范围内。但长时间进行健美操运动会使血糖浓度下降，这是因为在长时间运动的过程中会消耗大量的葡萄糖。而不同类别的健美操运动之所以会影响血糖浓度主要是因为训练内容和训练强度的不同会引起神经系统兴奋性的不同。以竞技健美操为例，竞技健美操在所有健美操项目中是强度最大、运动负荷最大、引起兴奋性最高的项目，在进行竞技健美操的同时，肝糖原不断分解，但由于这项运动的用时较短，强度又太高，导致肝糖原分解的量远远超过消耗葡萄糖的量，因此，血糖水平会比运动前有所升高。

3．健美操运动中的补糖时间

健美操运动是一项耗糖量相对较高的运动项目，尤其是竞技健美操，运动强度和运动量都非常大，因此，要在运动前和运动中适量补糖。为了使运动效果有明显的提高，需要结合健美操运动中糖代谢的规律科学合理地补糖，其中补糖的时间非常重要。

服糖的最佳时机是运动前两小时，在这期间，所补充的糖分可以通过糖代谢释放一定的能量，也可以转化成肌糖原、肝糖原等满足血糖的供给需要，使运动员的血糖水平维持在一个较高的状态。另外，运动前一个小时内不适合服糖，如果轻易服糖会使运动员的血糖水平迅速上升，导致体内胰岛素大量分泌，胰岛素具有降低血糖的功能，这样一来，服糖不仅起不到补糖的作用，反而会使运动员出现运动型的低血糖，降低运动能力，破坏训练效果。

补糖的最佳时间是运动中，每半个小时一次，可以通过饮用一些低浓度的运动饮料保持血糖水平。需要注意的是，千万不要服用高浓度的饮料，因为高浓度的饮料不能被吸收利用，延长了胃排空的时间，会影响最佳的运动效果。

（二）脂肪代谢

脂肪代谢是指人体内的脂肪在相关酶的作用下，进行消化吸收、合成分解并加工成机体所需物质的过程，脂肪代谢对人体正常生理机能的运动有重要的意义。脂肪代谢的原料是脂肪，这是人体需要的重要营养元素之一，供给机体所需的能量，也是能量储存的主要形式。人体脂肪主要来源于外界的食物供给和人体自身的合成，大部分储存在皮下组织、腹部网膜以及内脏器官周围，具有保护内脏、维持体温的功能，并且它会随着新陈代谢而不断更新。健美操运动对人体脂肪含量的要求较高，因此，要想更好地进行健美操运动，全面深入地了解脂肪代谢的过程是非常有必要的。

1．脂肪的代谢过程

这里所说的脂肪代谢过程指的是其分解代谢过程，共分为三个阶段。

第一阶段：脂肪动员阶段。在这一阶段中，脂肪在脂肪酶的作用下分解成甘油和脂肪酸。

第二阶段：甘油和脂肪酸的氧化阶段。其中，在甘油的氧化过程中，甘油先在酶的催化作用下逐次形成磷酸二羟丙酮，再经糖酵解或有氧氧化进行供能，也可转变为糖脂肪酸与清蛋白结合转运入各组织经 β －氧化供能。在脂肪酸的氧化过程中，有一个重要物质——脂酰辅酶A的生成，它可以帮助代谢脂肪的中间产物，完成体内代谢脂肪过程。

第三阶段：乙酰辅酶A的彻底氧化阶段。在这一阶段中，乙酰辅酶A经三羧酸循环，最终氧化成二氧化碳和水，生成的二氧化碳经呼吸排出体外，水则通过汗液和尿液排出体外。

2．健美操运动与脂肪代谢

在一定时间内的有氧运动中，脂肪是人体主要的供能物质，并且其供能量与时间的长短成正比。健美操运动是一项典型的有氧运动，长期坚持进行这项运动，可以有效改善血浆中的高密度脂蛋白胆固醇含量，降低人体胆固醇，防止动脉粥样硬化，对人体有益。除此之外，坚持进行健美操运动，还能防止脂肪在体内的过度积累，具有减肥健美的功效。

（三）蛋白质代谢

蛋白质是构成人体生命的物质基础，它参与一切细胞和机体重要部分的组成，没有蛋白质生命体就无法正常运行下去。在代谢过程中，糖和脂肪是先进行代谢的物质，蛋白质在最后。人体中如果出现了过多的蛋白质，肝脏就会将其进行分解，并由肾脏排出。为了保持身体健康，人体每天要摄取一定量的蛋白质来维持蛋白质平衡。

1. 蛋白质的代谢过程

蛋白质的消化过程可以分为以下四步。

（1）食物中的蛋白质进入消化道中先被消化成氨基酸，然后被小肠吸收进入血液并运输到全身各处。

（2）氨基酸进入组织细胞被合成各种组织蛋白、酶等蛋白质。

（3）氨基酸进入细胞通过氨基转化作用产生新的氨基酸。

（4）氨基酸进入细胞通过脱氨作用生成含氮的氨基和不含氮部分，含氮的氨基在肝脏转变成尿素，通过泌尿系统排出体外，不含氮部分可以被氧化分解或转变成糖类和脂肪。

2. 补充蛋白质对健美操运动的影响

健美操运动不仅可以消耗过多的糖分和脂肪，而且会消耗部分蛋白质，因此，为了防止蛋白质的流失对体内细胞造成各种不好的影响，需要在完成运动后有针对性地补充蛋白质，促进蛋白质的修复和再生，以保证更好的运动效果。蛋白质对人的肌肉力量影响较大，因此，在进行健美操运动后需要及时补充蛋白质。目前，比较理想的健美操营养补剂为亮氨酸、异亮氨酸与缬氨酸的混合物，其混合比例为 2 : 1 : 1，这种营养补剂可以促进肌肉力量的生长，满足机体运动后对蛋白质的需求，适合在强度较大的运动后服用。

（四）水、盐代谢

1. 水代谢对健美操运动中人体的影响和作用

水是人体结构的重要部分，它能促进细胞的新陈代谢，并参与维持细胞的正常形态和完整细胞膜的组成。水在人体中的比重是 65% ~ 80%，分布在人体各器官和体液中。水的代谢对健美操运动非常重要，这是因为在进行健美操运动时，体内的热量变化会引起体温变化，而水的代谢可以稳定这种变化，保持体内温度的平稳，避免人体温度失衡。

2. 无机盐代谢对健美操运动中人体的影响和作用

无机盐是构成人体组织的重要原料，在人体内含量不多，仅占体重的4%左右，但是其在维持渗透压、维持体内酸碱平衡以及维持神经肌肉兴奋性等方面有很大作用。在健美操运动中，无机盐的代谢能保证体内水的平衡，使身体机能正常运行。

进行健美操运动时，为了使无机盐能正常代谢，要注意饮水量和饮水次数，基于此，健美操运动员一般会遵守饮水"少量、多次"的原则。如果饮水过多，血液被稀释，不仅心脏负担会加重，还会出现消化不良的问题。正确的补水时间是运动前10～15分钟或运动中的每15～20分钟，适宜的补水量在运动前为400～600毫升，运动中为100～150毫升。

二、健美操运动的能量代谢

（一）磷酸原系统

在健美操运动中，能量的主要来源是三三磷酸腺苷，它也是生物体内最直接的能量来源。三磷酸腺苷储存在细胞中，但肌肉中三磷酸腺苷的储存较少，不能满足人体日常运动能量的需要，因此，三磷酸腺苷在肌肉中的储存量不能决定三磷酸腺苷主要作用的发挥，其作用的发挥与否在于三磷酸腺苷是否能迅速合成。三磷酸腺苷的能量供应如下：在运动开始时，肌肉收缩，储存在细胞中的三磷酸腺苷迅速分解，在三磷酸腺苷分解过程中，与之紧密相关的是磷酸肌酸，它也在迅速地分解，并且放出能量，供三磷酸腺苷的再次合成。值得强调的是，磷酸肌酸在分解的过程中虽然也释放出一定的能量，但这些能量并不能被细胞生命活动直接利用，而是用于三磷酸腺苷的再合成，三磷酸腺苷是将人体内的化学能转化为机械能的唯一直接能源。

在人体机体内部，三磷酸腺苷和磷酸肌酸都属于高能磷酸化合物，二者所组成的系统被称为磷酸原系统，这一系统是不可替代的迅速能源生成系统，为高强度运动提供能量。人们在进行健美操运动时，会首先选择磷酸原供能系统，这是因为三磷酸腺苷、磷酸肌酸都是以水解分子内高能磷酸基团的方式供能，随着训练强度的增加，三磷酸腺苷的转换率加快，人体对磷酸原供能系统的依赖性也随之加大。

（二）乳酸能系统

虽然磷酸原供能系统是功率输出最快、持续时间短、没有中间产物的供能系统，但是在健美操中，有一些项目的运动强度过大，运动时间持续较长，仅靠磷酸原系统供能是不能及时供运动者进行三磷酸腺苷补充的，如竞技健美操项目，这时就需要另一个供能系统——乳酸能系统（糖无氧酵解系统）的帮助。乳酸能系统供能是指在供氧量满足不了人体需求的情况下，使肌糖原与葡萄糖在无氧分解过程中再合成少量三磷酸腺苷的过程。

机体内部糖酵解的过程为：首先，糖从葡萄糖生成 2 个磷酸丙糖；其次，磷酸丙糖转化为丙酮酸，生成三磷酸腺苷。在有氧条件下，丙酮酸可进一步氧化分解生成二氧化碳和水。在缺氧条件下，丙酮酸在乳酸脱氢酶的催化下接受磷酸丙糖脱下的氢，被还原为乳酸。在氧供应充足时，无氧酵解所产生的乳酸，一部分在线粒体中被氧化生能，一部分被合成肝糖原等。乳酸是一种强酸，当过多的乳酸积聚在体内时，就会破坏机体内环境的酸碱平衡，使肌肉工作能力下降，造成肌肉暂时性疲劳。

乳酸能系统的供能特点为：供能总量较磷酸原系统多，持续时间较短，功率输出次之，不需要氧，终产物是导致疲劳的物质——乳酸。

糖无氧酵解在健美操运动中是一个连续的过程。首先，在运动的初始阶段，经过三磷酸腺苷酶的催化作用，三磷酸腺苷被迅速水解并释放出一定的能量；其次，机体内三磷酸腺苷的浓度会暂时下降，但是在利用磷酸肌酸分解时所释放的能量后，又可以使三磷酸腺苷再次合成。糖酵解过程在肌肉利用磷酸肌酸的同时被激活，然后肌糖原就会迅速分解并提供运动中需要的能量。通过上述介绍，我们可以知道糖无氧酵解在运动中具有重要的作用。

（三）有氧氧化系统

除磷酸原系统、乳酸能系统外，有氧氧化系统也是健美操运动中常见的供能系统之一。有氧氧化系统，顾名思义，就是在氧气供应充足的条件下进行供能的能量供应系统，糖、脂肪和蛋白质是此系统中主要的消耗材料，在氧化作用下，以上三种物质最终会被氧化成二氧化碳和水。

与磷酸原系统和乳酸能系统相比，有氧氧化系统最大的特点是能够进行长时间的供能，产生大量的三磷酸腺苷，维持肌肉的工作。相关数据显示，有氧氧化系统中由葡萄糖氧化所产生的三磷酸腺苷是糖无氧酵解的 19 倍，并且它还能将糖无氧酵解的产物——乳酸彻底氧化成二氧化碳和水，释放能量供机体利用。因此，有氧氧化系统是进行长时间耐力活动的物质基础，在练习有氧健美操的过程中，可以有效地将无氧代谢过程中产生的乳酸快速地消除，以增强竞技健美操的训练效果。

在机体有氧化系统中，首先消耗的能源物质是体内的糖，其次是脂肪，最后是蛋白质。在健美操运动中，根据运动进行时间的长短，这三种物质也逐次被分解用以供能。在运动时长不超过两小时、运动强度较低的情况下，糖原是最先供能的物质；在运动时间不超过半个小时、运动强度为中低强度的情况下，脂肪为主要的供能物质。脂肪与糖原虽然都适用于中低强度的运动供能，但其比例会随着运动强度的增大而逐渐降低，这是由于脂肪在氧化过程中对糖原有一定的依赖性，当肌糖原逐渐被耗尽时，脂肪与糖原的供能比例才逐渐升高。当运动时长超过半小时，运动强度较大时，供能物质就会有蛋白质。值得注意的是，此时的供能总量并不是蛋白质总的供能量，其中还包括肌糖原的供能量。在肌糖原储备丰富时，蛋白质的供能量只占总量的5%，当肌糖原逐渐消耗完，蛋白质的供能比例逐渐上升，最大可以达到总供能量的15%。

第二节　健美操运动的解剖学基础

一、人体的构成

研究健美操运动的解剖学基础，首先要了解身体各部分的构成。

（一）细胞

1.细胞的结构

细胞作为人体最基本的组成单位，所在的位置和功能、大小、形态都各有不同。人体内的细胞都需要借助放大仪器才能够看清，最小的细胞——小脑内的颗粒细胞直径只有4微米，直径最大的卵细胞可达200微米。细胞的形态结构多种多样，有圆形、多边形、立方形和多突变形等。每种细胞都是由细胞膜、细胞核和细胞质组成的。

细胞膜就是细胞表面的一层薄膜，主要由蛋白质、脂类和多糖组成。其主要功能是保持细胞的完整性，有选择地控制细胞内外的物质交换，控制和调节细胞的代谢和生理功能活动；还具有参与细胞的吞噬和吞饮；粘着、支持和保护的作用。

细胞在生命周期内可分为分裂期和间期（两次细胞分裂之间的时期）。细胞核是细胞间期的重要部分。人体内只有成熟的红细胞没有细胞核。细胞核是细胞最重要的组成部分。主要由核蛋白和核酸构成，其中核酸有脱氧核糖核酸和核糖核酸等遗传物质。细胞核主导着细胞遗传信息的传递、蛋白质的生物合成及细胞的繁殖。

细胞质是细胞核与细胞膜之间的胶状物质，由蛋白质、脂类、糖、无机盐、酶和大量水分子组成，是细胞进行物质代谢和完成各种功能的物质基础。

除了细胞本身，在这里要介绍一下细胞间质，它存在于细胞与细胞之间，是细胞分化过程的产物，主要有两种，一种是无定形的基质，另外一种就是纤维。主要功能就是细胞之间的支持、联络、保护以及提供细胞营养、物质转运等。

2．细胞的功能

（1）细胞具有对外界环境的反应功能，如肌细胞的收缩、腺细胞的分泌等。

（2）细胞能够不断地从外界摄取营养物质和氧气，转化为本身所需的物质，同时又不断地排出废物和二氧化碳，正是由于细胞不断地进行新陈代谢，才得以保证人的生长和发育。

（3）细胞能够通过生长不断增加数量。随着细胞的不断生长，细胞核逐渐被拉长，中间部分变细，细胞质也向两端移动，最后分裂成两个新细胞。细胞的繁殖对人体的生长和伤病的恢复有重要的作用。

（二）组织

组织就是由许多形态和功能相类似的细胞和细胞间质按一定的方式组合在一起，完成一种或多种机能的结构。人体的组织分为四大类：上皮组织、结缔组织、肌组织、神经组织。

1．上皮组织

上皮组织由密集的细胞组成，细胞的形状较规则，细胞间质少。它覆盖于人体的外表面或衬在体内各种囊、管、腔的内表面。上皮组织总体上说具有保护、吸收、分泌与排泄等功能，位于身体不同部位和器官的上皮组织常以某种功能为主，如皮肤上皮以保护为主；肠上皮和肾上皮主要为吸收和排泄；而腺上皮的功能主要是分泌等。此外，另有少数上皮经特殊分化，具有特殊功能，如肌上皮具有收缩能力；感觉上皮布于感觉器，能感受特定的物理或化学性的刺激称为感觉上皮细胞，如前庭器与味、嗅、视、听觉上皮等。根据上皮组织的分布、形态结构和功能的不同，分为被覆上皮、腺上皮和感觉上皮。

被覆上皮是按照上皮组织的细胞层数和细胞形状进行分类的，主要分布于身体的体表、体腔和空腔性器官的内表面，主要功能有保护、吸收、分泌和排泄等。

具有分泌功能的上皮细胞统称为腺上皮。腺上皮的位置不定，有的腺上皮位于被覆上皮之内，有的则深陷于被覆上皮之下的结缔组织中，有的形成独立的腺器官。其主要具有参与调节人体的新陈代谢、生长发育和对外环境的适应性等功能。

感觉上皮是由某些上皮细胞特殊分化而形成，主要存在于特殊的感觉器官内，如视上皮、听上皮、味上皮和嗅上皮等。

2. 结缔组织

结缔组织是由细胞和大量细胞间质组成，但细胞成分少，细胞间质成分较多，具有连接、支持、营养和保护的作用。结缔组织是机体内分布最广泛、种类最多样化的基本组织。该组织的种类很多，形态各有不同，功能也较复杂，但它们的共同点是细胞种类多、数量少、分布稀疏而无极性；细胞间质多，内中包括均质的基质和细丝状的纤维两种成分。基质可呈液体、胶体或固体状；纤维可有胶原纤维、弹性纤维和网状纤维三种。

韧带与柔韧素质相关，因而在健美操运动中有着重要作用，属于可弯曲、纤维样的致密结缔组织。韧带是使人的各骨块相互联结的结缔组织索状物，与弹性纤维紧密并行。韧带附着于骨骼的可活动部分，会限制这部分的活动范围。韧带虽然可以被弯曲，但是超过其生理弯曲范围，就会导致韧带的延长或断裂。

韧带在关节周围（囊外韧带）或者关节腔内（囊内韧带）等部位较多，其走向平行抗拉伸力强，并具有一定的弹性。韧带能加强和维护关节在运动中的稳定性，并限制关节过度拉伸。当遭受暴力，产生非生理性活动，或者韧带被牵拉而超过其耐受力时，就极可能导致韧带损伤。

关节内韧带包括前、后交叉韧带。关节内侧囊外韧带为内侧副韧带、内侧关节囊韧带，内侧副韧带较长较宽，也最紧强，呈三角形。前交叉韧带起于胫骨髁间胫骨棘前部，向上后外止于股骨外髁窝侧面凹陷部，能够在一定程度上限制胫骨髁的前移。后交叉韧带起于胫骨棘后部，向前上内止于股骨内髁窝侧面凹陷部，可限制胫骨髁的后移。由这些韧带形成的韧带关节囊网，构成了维持膝关节稳定的基本条件。

韧带既限制膝关节活动范围，又引导膝关节按照一定的规律进行运动，起到制导作用。下面对韧带的限制作用和制导作用作简要分析。

（1）韧带的限制作用。在韧带内有无髓神经纤维。健美操运动时，韧带受到一定的张力刺激，感觉就由神经传入，即反射性地引起相应肌肉的收缩，以限制膝关节的活动，保持关节的稳定，这个过程称为韧带肌肉反射。若是肌肉控制失效，则只有韧带的机械性限制作用。韧带的限制作用是协同的，既与有关肌肉协同，韧带组合之间也相互协同。

（2）韧带的制导作用。交叉韧带与半月板，内、外侧半月板之间均有韧带纤维紧密组织相连，在膝关节内形成一个类似"8"字形的结构，共同维持膝关节在三个轴相的运动稳定。同时，其能够使前、后交叉韧带相互交叉，位于关节中心，这和骨性结构的解剖特点相辅相成，共同制导膝关节按照一定的方向，从而保证健美操运动的动作准确稳定。

3. 肌组织

肌细胞细而长，又称为肌纤维，具有收缩和舒张两种对立统一的动能，是人体运动的物质基础。肌组织又称肌肉组织，主要由大量的肌细胞构成，广泛分布于骨骼、内脏和心血管等处。肌组织由有收缩能力的肌细胞组成、细胞间有少量的结缔组织、神经和血管等，对肌组织起保护、联系、营养及支配等作用。肌组织的主要功能是收缩和舒张，健美操中的各种动作都是依靠肌组织的收缩和舒张来实现的。根据肌纤维的结构特点不同，肌组织可区分为骨骼肌、心肌和平滑肌三种。

骨骼肌多数借助肌腱附着在骨骼上，分布于躯干和四肢的每块肌肉均由许多平行排列的骨骼肌纤维组成。骨骼肌纤维是一种长柱形的多核细胞，核呈扁圆形，肌膜的外面有基膜紧密贴附。一条肌纤维含有很多的细胞核，从几十到几百不等，位于肌浆的周边即肌膜下方。

心肌分布于心脏和邻近心脏的大血管近段。心肌收缩具有自动节律性、缓慢而持久、不受意志支配、不易疲劳等特点。心肌纤维呈短柱状，多数有分支，相互连接成网状。心肌纤维的结构中的肌原纤维不像骨骼肌具有规则的排列。肌丝被少量肌浆和大量纵行排列的线粒体分隔成粗、细不等的肌丝束。横纹也不如骨骼肌的明显，横小管较粗，肌浆网比较稀疏，纵小管不发达，终池较小，也比较少。心房肌纤维不光具有收缩功能，还有内分泌功能，可分泌心房利钠尿多肽或称心钠素，具有排钠、利尿和扩张血管、降低血压的作用。另外，少数经过特殊分化而形成具有传导冲动功能的特殊心肌纤维参与心脏传导系统的构成，这些纤维具有维持心脏自动且有节律性搏动的功能。

平滑肌又称为内脏肌，主要分布于血管壁和众多内脏器官。平滑肌的收缩较为缓慢和持久。从上述可知，骨骼肌与心肌纤维都有明暗相间的横纹。其中骨骼肌一般都通过肌腱附于骨骼上，由于横纹更明显，故又称横纹肌；而心肌则构成心脏。平滑肌则没有横纹存在于内脏与血管壁。从机能的角度说，骨骼肌收缩力强，收缩迅速，但耐久力不好，容易疲劳，其活动受意识控制，也叫作随意肌。

4．神经组织

神经组织是由神经元即神经细胞和神经胶质细胞组成。

神经细胞是高度分化的细胞，既是构造单位，又是功能单位，因此称之为神经元。神经元是由细胞膜、胞体、树突和轴突组成。神经元的细胞膜是可兴奋膜，它在接受刺激、传播神经冲动和信息处理中起着重要作用。

突触在神经元传递信息的过程中有着不可替代的作用，它是神经元与神经元之间，或神经元与非神经细胞之间的一种特化的细胞连接，通过它的传递作用实现细胞与细胞之间的通信。

神经胶质细胞数量多，神经胶质细胞与神经元数目之比为 10 : 1 ~ 50 : 1，广泛分布于中枢和周围神经系统中。神经胶质细胞与神经元的胞突不分树突和轴突，没有传导神经冲动的功能。

神经纤维是由神经元的长轴突外包神经胶质细胞所组成。根据包裹轴突的神经胶质细胞是否有髓鞘，可将其分为有髓神经纤维和无髓神经纤维两种。中枢神经系统的白质和周围神经系统的脑神经、脊神经和植物性神经都是由神经纤维构成的。加上周围神经系统的神经纤维集合在一起，构成神经，分布到全身各器官和组织中。

周围神经纤维最终终止于身体各个组织和器官内，就形成了形式各样的神经末梢。根据它们的功能不同，可以分为感觉神经末梢和运动神经末梢两种。感觉神经末梢是感受器的组成部分，感受器是对内、外环境的变化的各种刺激产生感觉的器官。运动神经末梢是运动神经元的长轴突分布于肌组织和腺体内的终末结构，支配肌纤维的收缩和腺的分泌。

神经组织是在感受体内外的刺激和传导冲动，它在神经组织中起支持、绝缘、保护和营养的作用。神经组织分布在身体内的各个角落，各部分的神经组织构成了人体内完整的神经系统。

（三）血液

血液的组成成分分别是红细胞、白细胞、血小板和血浆。

红细胞由红骨髓产生，经过数个阶段成熟后，红细胞呈直径约为 8 ～ 15 微米的双凹的圆盘形无核细胞，细胞胞质内含丰富的血红蛋白，为红色。它具有运输氧气和二氧化碳的机能，寿命为 100 ～ 120 天，在身体血液内的含量成年男性每立方毫米约含有红细胞 450 ～ 500 万个，女性约含 400 ～ 450 万个。血红蛋白的含量在每 100 毫升血液中男性为 12 ～ 15 克，女性为 11 ～ 13 克，凡红细胞和血红蛋白含量低于上述标准者为贫血。

白细胞是一种不含血红蛋白的无色有核细胞，个体比红细胞大，但数量相对于红细胞要少得多，成年人每立方毫米血液中约有 4000 ～ 10 000 个，当患有感染性疾病时，数量会增加。白细胞具有吞噬病菌、病毒的免疫作用。

血小板是由红骨髓中巨核细胞成熟后，细胞质伸出的许多突起的尖端脱落形成的，其形态不同，可呈圆形、椭圆形或不规则形，寿命为 7 ～ 14 天，每立方毫米的血液中约有 15 ～ 30 万个，具有止血和凝血的作用。

（四）系统

具有一定形态、能够完成一定的生理机能的几种不同组织的结合形成器官，由许多器官联系起来，共同完成一定的生理功能，这些器官的总和称为系统。人体共分为九个系统：运动系统、呼吸系统、消化系统、泌尿系统、生殖系统、循环系统、内分泌系统、感觉系统、神经系统。

（1）运动系统是在人体中占有非常重要的位置，运动系统的发展对于身体其他系统有着重要意义。人体的运动系统由骨骼、骨连接（关节）、肌肉三个部分组成，约为体重的58%，是人类运动的物质基础。人体全身共有肌肉 600 余块，约占体重的 40%，是运动的动力，在神经系统的支配下完成各种动作。骨骼是人体的支架，它与肌肉共同构成人体的外形和体腔壁，以保护其中的器官。成年人约有 206 块骨头，约占体重的 1/5。骨与骨的连接构成了人体的杠杆系统，即骨架，肌肉附着在骨架上，在神经系统的支配下，肌肉收缩，牵动骨骼产生各种运动。运动系统，顾名思义具有运动的功能，另外，运动系统还具有支持和保护的功能。

（2）呼吸系统是由鼻、咽、喉、气管、支气管和肺组成。空气通过呼吸道进入肺部，在肺泡进行气体交换，取得生命活动中所必需的氧气，同时将体内新陈代谢过程中所产生的二氧化碳排出体外。在临床上把鼻、咽、喉称为呼吸道，把气管、支气管和肺内各级支气管称为下呼吸道。呼吸道具有较强的防御作用，以防止外部环境中的异物颗粒和病菌进入体内损害机体健康。

（3）消化系统主要由消化管和消化腺组成，消化管由口腔至肛门粗细不等的弯曲管道构成，包括口腔、咽、食管、胃、小肠（十二指肠、空肠、回肠）、大肠（盲肠、结肠、直肠）。消化腺则包括唾液腺、肝、胰及分布在各段消化管内的小腺体。该系统的主要作用就是帮助人体消化食物、吸收营养物质和排出粪便。消化作用是保证人体新陈代谢正常的重要环节。

（4）泌尿系统是由肾、输尿管、膀胱、尿道组成的，主要是为了排除人体内的代谢废物，如尿酸、尿素和多余水分等。它是人体代谢产物最主要的排泄途径，对于保持人体内环境的动态平衡、水的代谢和酸碱动态平衡有着重要的作用。

（5）生殖系统根据性别的不同结构也不同。男性生殖器官由内生殖器和外生殖器组成，内生殖器有睾丸、附睾、输精管、射精管和泌尿系统共用的一部分尿道组成，外生殖器由阴茎和阴囊组成。附属腺体包括精囊腺、前列腺和尿道球腺。女性内生殖器官包括卵巢、输卵管、子宫、阴道等。卵巢就是生产卵细胞的器官，也是分泌女性激素的内分泌器官。生殖系统的主要作用就是产生生殖细胞，繁衍后代。

（6）循环系统是以心脏为枢纽，以及与其相延续的一系列密闭管道连接而成，由于管道内流动的液体成分不同，可分为心血管系统和淋巴系统两个部分。心血管系统由心脏、动脉血管、毛细血管和静脉血管组成，心血管系统的管道内含有不断循环着的血液。心脏是血液在血管中循环的动力器，起着泵血的作用。淋巴系统是循环系统的组成部分，由淋巴管、淋巴器官和淋巴组织组成。淋巴系统管道内流动着淋巴液，它是心血管系统的副主管道，两者互相交通，最后淋巴液流注到静脉中。淋巴器官主要具有产生淋巴细胞，过滤淋巴和参与免疫反应等功能。淋巴组织则主要分布在消化道、呼吸道等处，具有防卫功能。淋巴结大小形态不一，是淋巴系统的过滤器，具有机体防御的功能。

（7）内分泌系统是全身的内分泌腺，是在结构上互相不连续的系统，它是神经系统以外的又一个重要的机能调节系统。通过体液调节身体内的新陈代谢、生长发育和对外界环境的适应。设有各种排泄管道的腺体，主要分泌物就是激素。激素是一种高效能的物质.能够直接进入到血液或淋巴，借助循环系统运至全身，以调节机体各项功能。

（8）感觉系统其实是身体内神经系统的一个分支，但是对于人体与外界环境的交流的重要器官，在这将单独列为一个系统。感觉系统是人体内的特殊感受器，结构包括感受器和附属器。在人体内广泛地分布着各种各样的感受器。感受器的功能是接受来自机体内、外环境各种不同性质的刺激，通过换能作用，将刺激能量转化为神经冲动。如通过眼睛感觉色彩变化、通过口腔味觉感受食物酸甜苦辣的变化、通过耳部听觉感受声音的高低频率等。感觉系统能够接受环境的特定刺激，并将刺激转化成神经冲动，通过一定的传导途径，传到大脑皮质的特定区域，产生相应的感觉。皮肤作为人体最重要的感觉器官，除了具有感觉功能外，还有保护身体、调节体温、分泌、排泄和吸收的功能。

（9）神经系统是人体中占有最高统帅地位的系统，由颅腔内的脑、椎管中的脊髓，以及脑和脊髓发出的周围神经组成。它具有调节和控制人体内所有器官系统活动，使之成为一个有机整体的功能。在调节和可控制的过程中还要借助感受器，接受内外经的各种刺激，通过各级中枢的整合分析，调节机体内环境的平衡以适应外界环境的变化，保障生命活动的进行，而且神经系统不仅可以被动地适应外界环境的变化，而且可以主动地认识客观世界，形成自己的世界观，从而改造客观世界，这是人类神经系统最主要的特点。

二、健美操运动对人体结构的影响

（一）对肌组织的影响

1. 增大肌肉体积

通过健美操运动能够让人体的肌肉体积增大。不同的健美操运动项目对肌肉体积增大的影响不同，肌肉体积增大是由肌纤维粗细和肌纤维数目增多造成的。

2. 减少肌肉脂肪含量

一般在活动不多的情况下，肌肉表面和肌纤维之间有脂肪堆积。肌肉内的脂肪在肌肉收缩时会产生摩擦，因而降低了肌肉收缩的效率。通过健美操运动，特别是健身健美操运动，可以减少肌肉的脂肪，提高肌肉的收缩效率。

3. 扩增肌肉毛细血管数量

健美操运动可以使骨骼肌内的毛细血管在数量或形态上都有所改变，肌纤维之间的毛细血管平均分配数量在健美操运动后增多。肌肉中毛细血管的增多改善了骨骼肌的血液供给，从而提高肌肉的工作能力，有利于肌肉长时间紧张持续地活动，延缓肌肉疲劳。

4. 肌肉内成分发生变化

长期坚持健美操运动、肌肉组织内的化学成分可发生变化，如肌糖原、肌球蛋白、肌动蛋白、肌红蛋白、水分等含量均有增加。肌球蛋白和肌动蛋白决定着肌肉的收缩能力，这些物质的增多对肌肉收缩能力的提高具有促进作用，而且还使三磷腺苷酶的活性加强，加快了分解速度，及时供给肌肉能量。肌红蛋白可以与氧结合增加肌肉内氧的储备量，使肌肉在耗氧量很大的情况下，有利于肌肉继续工作。肌肉内水分增加，有利于肌肉内氧化反应的进行，有助于肌肉力量的增长。

5. 肌肉延迟性疼痛

许多人参加健美操运动后发现，在锻炼完后并没有感觉肌肉的酸痛，但是在第二天或第三天便会出现酸痛症状，持续 2 ~ 3 天后才逐渐缓解，这种疼痛叫作延迟性肌肉疼痛。肌肉延迟性疼痛一般是在运动后 24 ~ 72 小时达到酸痛顶点，5 ~ 7 天后症状消失。除酸痛症状外，还有肌肉僵硬，轻者仅有压疼；重者会出现肌肉肿胀，活动不便。任何骨骼肌在激烈运动后均可发生延迟性肌肉疼痛。

（二）对骨形态结构的影响

健美操运动中经常会有跳跃性的动作，跳跃动作会导致胫骨发生变化，前缘骨壁增厚非常明显，而且在掌骨干（在支撑动作中）承受负荷，因此，骨干部变化较大。经常性地进行跳跃对跖骨和趾骨也有较大影响，各跖骨和近节趾骨的长度、横径及骨壁厚度均大于一般大学生；第Ⅱ跖骨内侧壁最厚，依次为中心，向内外侧递减，而第Ⅰ跖骨壁为外侧壁大于内侧壁。

对于其他骨形态结构，骨周围肌肉活动得越多，骨在尺度上增长得越明显。一般来说，长期、系统、科学地从事健美操运动训练，可使骨密度增厚，骨径变粗，骨面肌肉附着处凸起明显，骨小梁的排列随张力和压力的变化更加清晰而有规律。健美操运动增强骨的新陈代谢，改善了血液循环，从而在形态结构上产生良好的适应性变化。随着形态结构的变化，骨变得更加粗壮和坚固，提高了抗折、抗压缩和抗扭转方面的能力，有利于身体各方面的身体素质和运动效果。

经常进行健美操运动还能让韧带在骨骼上的附着部位变得更粗壮,这都有利于肌肉、韧带更牢固地附着在上面。所有这些变化对骨骼承受外力都具有很好的作用。经常参加健美操运动,机械力对骨中的钙质沉积又有极其良好的作用,大学生经常参加健美操运动不仅有助于身体长高,而且可以增加骨的峰值骨量。所谓峰值骨量,是指一生中所达到的最大骨量。通常从出生到 23 岁左右骨量持续增长,年增长率男大约为 2.2%,女大约 1.9%,从 23 到 30 岁,骨量仍缓慢增加,年增长率约 0.5% ~ 1%,超过 30 岁骨量达高峰,以后随年龄增加而逐渐减少。

(三)对关节形态结构的影响

系统的健美操运动让骨关节面的骨密质增厚,从而承受更大的负荷。短时间的运动可使关节软骨肿胀,运动停止后肿胀消失。这种变化在大学生运动时比较明显。这种关节软骨的增厚有人研究是由于软骨基质和细胞吸收液体的结果。

软骨是一种黏弹性材料,内有孔隙,组织间隙充满了液体,在应力作用下,这些液体可流进或流出软骨组织。这是无血管组织获得营养的重要途径,适宜的运动创造了这种环境,为软骨获得养分并经久不衰提供了条件。通过实验证明,健美操运动可以使肌腱和韧带增粗,在骨附着处直径增大,胶原含量增加,单价体积内细胞增加。

1. 增强关节的稳固性

经常参加健美操运动,关节周围的肌肉力量增强,关节软骨和关节囊增厚,韧带增粗,增强了关节的稳固性。在骨附着处直径增大,胶原纤维量增加。

2. 增大关节的运动幅度和灵活性

通过健美操运动,参与关节运动的原动肌力量得到增强,对抗肌的伸展性提高,同时关节囊、韧带的伸展性也得到提高,故关节的运动幅度增大、灵活性提高。

研究证明,在进行伸展性健美操练习时,关节运动幅度增大,提高了关节的灵活性,但是只能保持 8 ~ 10 周,长期不活动会降低关节运动的幅度和灵活性。因此,要长期坚持健美操运动。

关节的稳固性和灵活性是一对矛盾,肌肉力量大,韧带、肌腱、关节囊增厚、对关节稳固性和防止关节损伤有利,但给关节的灵活性带来一定的影响。因此,在健美操运动中要处理好关节的稳固性和灵活性的关系。即在发展肌肉力量的同时,要配合发展其伸展性动作的练习,使关节的稳固性和灵活性得到同步发展。

第三节　高校健美操运动的心理学基础

一、个性心理与健美操运动

（一）能力

能力是完成某项活动的必要心理特征。能力是运动员掌握健美操技能和提高成绩的基础。不同的人的能力有不同的特点，因此存在多个方面的差异，如能力类型的不同、能力表现的时间的不同、能力发展水平的不同等。

（二）性格

个人对现实的稳定的态度和习惯化的行为方式即性格。性格与能力一样都是一种稳定的心理特征。和能力一样，每个人的性格也各不相同。性格特征有特殊的表现，具体如下。

第一，性格是现实社会关系在人脑的反映，个人的思想意识和行为习惯能从其对现实的稳定态度和采取的某种行为方式中得到反映。

第二，性格特征比较稳定，但又有可变的倾向。性格是一种具有稳定性、经常性和一贯性的表现。性格又是可变的，如一个胆小怕刺激的大学生，经过长时间的健美操运动训练和多次比赛后，很有可能变成一个坚强勇敢的运动员。

（三）心理健康

一般来说，人的健康不仅包括生理上的健康，而且包括心理上的健康，并且生理状态和心理状态相互影响、相互调节。权威的医学研究证明，人的大脑中存在一种与身体和心理都具有密切关系的化学物质，它在调节人的免疫系统的同时还影响人的思想感情，也就是说在保持良好心态的同时，人体内也在分泌着各种有益于身体健康的化学物质，在生理和心理的双重作用下，人的免疫机能会有大幅度提高。医生在为患者进行康复治疗时，往往会建议患者保持一个乐观、积极的心态，因为这样对身体的恢复有很大的帮助，如果患者每天都沉浸在负面消极的情绪中，不仅不能让病情有所好转，而且可能导致其病情的恶化。

长期坚持健美操运动对人的心理健康具有正面影响，因为这符合传导兴奋的原理。传导兴奋原理认为，神经兴奋具有双向传导的作用、以大脑和肌肉为例，神经兴奋既可以从大脑传至肌肉也可以从肌肉传至大脑。在神经兴奋传导的过程中，肌肉活动越积极，对神经的刺激就越大，大脑就越兴奋，情绪就会高涨；若肌肉活动比较消极，对神经的刺激随之减少，大脑兴奋性降低，情绪就会低沉。从原理中我们可以得知，运动能有效调节情绪，因此，很多医学研究者也将运动疗法作为治疗过程中可取的方案之一。

二、心理因素对健美操运动的影响

在健美操运动的分类中，竞技健美操逐渐得到了越来越多人的喜爱。运动员除了要展示自己高超的动作技巧之外，还需要具备较强的心理素质，减少心理因素对表演或比赛的影响。除了竞技健美操，其他类别的健美操表演也都需要表演者增强心理素质来更好地将自己优美的身姿和技艺展现给观众。下面从三个角度出发阐述心理因素对健美操运动的影响，分别是智力、情绪、意志。

（一）智力

人的智力影响着人身体活动的方方面面，健美操运动也不例外。健美操运动需要运动员用敏锐的观察力、精准的记忆力、丰富的想象力完成难度动作的创编和练习，如果智力没有得到很好的发展，身体的活动能力就会受到限制，因此，智力的发展与身体活动能力的发展在健美操运动中具有非常密切的关系。对于一个优秀的健美操运动员来说，其表现力、创新力、思维能力等都是必不可少的，要在成长过程中重视智力的发展。

（二）情绪

情绪是人的一种情感体验，它反映了人对客观事物的表达态度，在人的身体活动中也具有重要的作用。对于运动员来说，要想在比赛中取得较好的成绩，不仅要有过硬的技术本领，而且要保持一个平稳的情绪状态；对于表演者来说，要想呈现最完美的演出，必须以一种饱满的情绪来进行。由此可知，好的情绪对人具有帮助作用，相反，不良的情绪则会打乱人的整个状态，让人心神不宁。健美操运动是一种散发着热情和活力的运动项目，运动员要用自己饱满的情绪去感染观众，如果在运动的过程中不能将自己的情绪稳定好，注意力不集中，就很难掌握动作技能，甚至可能会受伤，反之，用良好的情绪去训练或表演就有很大的可能性获得令人满意的运动效果。因此，学会更好地控制情绪也是每一位健美操运动员必备的技能。

（三）意志

意志是一个人意识能动性的集中表现，拥有坚强的意志品质对大学生来说是终身受益的。从培养意志品质的角度出发，进行健美操运动是一个很好的选择，同样，坚强的意志品质也有利于健美操运动，二者相互作用、相互促进。意志品质对健美操运动的影响体现在以下三方面。

1. 满足各种动作的需要

健美操运动相比于日常活动来讲，身体各部位的紧张程度更高，尤其是肌肉始终处于高强度状态，运动员需要以这样的身体状态在不同情境和困难条件下，完成各种难度水平的动作。如果没有一定的意志力做支撑，运动员就很难满足各种动作的需要，因此，意志力能帮助运动员完成各种难度的动作。

2. 克服各种不良影响

在健美操运动中，运动员可能会受到各种各样的干扰，有来自外界的，也有来自身体内部的。这时，运动员通过意志力来集中注意力，可以有效地排除各种干扰，克服不良影响。

3. 更好地坚持训练

任何运动项目的训练都是枯燥而辛苦的，健美操运动同样如此。运动员在训练到一定程度时，身体和心理会到达一个瓶颈，可能出现疲惫和厌倦的消极情绪，也可能产生了运动损伤。这时，意志坚强的人就会克服各种困难，坚持将训练完成。

第四节　高校健美操运动的运动损伤与防治

一、健美操运动损伤

（一）概念

健美操运动损伤是指健美操运动员在运动过程中发生的各种损伤，其损伤部位与运动项目以及专项技术特点密切相关。以健美操运动项目为例，竞技健美操与健身性健美操相比，前者对运动员的体能要求和技术要求较高，动作难度大，运动员出现运动损伤的概率更大，急性损伤与慢性损伤发生的概率较平均；而后者的目的主要是强身健体，对体能要求较低，动作简单易学，发生的运动损伤以慢性损伤为主。

（二）分类

1. 肌肉拉伤

肌肉拉伤是指肌肉在运动过程中，由于过度拉扯或强烈收缩而导致肌肉部分出现肌纤维撕裂或断裂的情况。肌肉拉伤后，肌肉会形成索条状硬块，局部肿胀，有剧烈痛感。

肌肉拉伤是健美操锻炼者最容易出现的运动损伤，损伤部位一般是大腿后肌群和韧带。锻炼者在进行健美操运动前应做好充分的准备活动，提高肌肉的柔韧性，避免肌肉拉伤。

2. 关节韧带扭伤

关节韧带扭伤是指由于外力使关节活动超出正常生理范围，出现韧带纤维拉伤、撕裂甚至断裂的情况。常出现关节韧带扭伤的部位是腕关节和踝关节处，症状为局部肿胀、皮下少量出血以及关节功能减弱或丧失等，有明显痛感。在健美操运动过程中，一些依靠膝关节的屈伸或俯卧撑类的动作最易发生关节韧带扭伤，这是由膝关节在伸直的过程中突然用力或腕关节处运动幅度较大导致，需要对这两处特别注意。

3. 疲劳性骨膜炎

疲劳性骨膜炎是指骨膜和骨质处的正常结构遭到破坏而发生的病变。其症状表现为小腿骨疼痛、骨膜下出血以及软组织水肿等。

在进行健美操运动时，过多的踏跳和跑跳使小腿的屈肌群和胫后肌不断收缩，刺激和牵扯了其骨的附着部分，造成该处骨膜组织松弛或分离，骨膜下出血。因此，为避免造成疲劳性骨膜炎，要适当调整练习强度、练习量以及练习部位，不要使屈肌群过度疲劳。

4. 腱鞘炎

腱鞘炎是指由于肌肉的反复收缩，使牵拉的肌腱与包裹的腱鞘不断摩擦，造成的肌腱腱鞘创伤性炎症。其症状为腕侧红肿、关节肿胀并伴有明显痛感。

在健美操运动中，一些高冲击步伐会使脚腕处的屈肌腱不断受到摩擦，长此以往，就会造成严重的腱鞘炎。

5. 肌肉挫伤

机体某部位遭受钝性暴力的作用而引起该处及其深部组织的闭合性损伤，称为挫伤。肌肉挫伤不仅会引起肌肉疼痛，而且会使肌肉出现暂时性功能丧失，康复治疗时间较长。典型挫伤多发生于下肢，最常见的是股四头肌和胫骨前肌。

在健美操运动中，身体与器械的接触可能引起挫伤，健身者之间的碰撞也会引起挫伤。单纯性肌肉挫伤有轻重之分，轻者的挫伤部位有疼痛、压痛、肿胀等感觉，重者的挫伤部位可能出现瘀斑、功能障碍等症状。肌肉挫伤后，及早进行适当的活动，可以减少瘢痕形成，并能较快地恢复肌肉力量。

（三）运动常见误区

误区一：强度大、节奏快的健美操美体效果就好。健美操运动能有效地塑造健美的形体，但必须基于科学锻炼的前提下才能实现。从生理学角度来看，只有给予人体适宜强度的运动刺激才能达到增强体质、健身美体的目的。负荷过大使运动量超过身体能承受的范围，不但不能健身，反而有害健康，因此，并不是强度越大、节奏越快的健美操，美体效果越好。

误区二：出汗越多，减肥效果越好。运动时流汗消耗的是水、盐分和矿物质，而不是脂肪。一般参加一次健美操锻炼，可减轻 1 千克左右的体重，但这种体重的减轻是暂时的，因为出汗多体重会减轻，但脂肪并没有减少。运动停止后，若适当地饮水和进食，人体得到补充和恢复后，体重又会回升。所以"出汗越多，减肥效果就越好"的说法是不正确的。正确的观念应该是根据每节课的运动量、运动时间、运动强度所真正消耗的能量来测定运动减肥的效果。

误区三：颈部运动不如腰腹部和下肢运动重要。匀称健美的颈部是女性健美的重要标志。颈部健美操有助于提高颈部肌肉的力量和灵活性，能有效预防颈椎病、肌肉松弛。现在很多女性只重视"三围"的塑造，却忽略了颈部练习，这是不科学的。其实现代人长时间的案前工作极易形成颈部骨质老化、颈椎劳损和颈肌肉萎缩。因此，加强颈部运动与养护，与做腰腹部和下肢运动一样重要。

误区四：锻炼时间越长就越能减肥。肥胖不仅会影响人体形象的美观，而且也会引发很多健康问题。因此，许多急于减肥的人认为锻炼时间越长就越能减肥，于是，他们在运动中随意去增加练习的组数、次数或延长锻炼时间，这种方法是不科学的，不但不能达到减肥目的，反而适得其反。因为锻炼时间延长会削弱练习者对运动的兴趣，使其精力和注意力下降，容易引起运动疲劳和损伤，反而不利于坚持运动。对减肥者而言，保证定时定量的运动更为重要。

（四）健身性健美操运动损伤的原因

在进行体育运动的过程中，运动损伤是不可避免的。造成运动损伤的原因有很多，有直接原因也有诱发因素。诱发因素就是潜在因素，与人体的组织器官的功能与特点分不开，会在人体组织器官的负荷过大以及动作技术要领失误的情况下，形成发病原因。健美操运动是一项集技能要求、完成难度、美感于一体的运动，不可以忽视任何一项要求，要注重与自身的身体素质相结合，进行相应的训练，如果一味地追求成功，忽视自身的承受能力，就会加大运动损伤发生的概率。在进行健美操的体育锻炼时，不可能做到事无巨细，对每一个可能会造成运动损伤的因素都进行相应的防护，只能通过不断努力，将发生运动损伤的概率降低。

1. 科学健身的意识较弱

很多人认为，健身性健美操对体能要求不高，因此运动中出现危害的可能性不大，于是在进行练习的时候便降低了损伤防范意识，不能积极采取各种预防措施。特别是刚开始学习健美操的人，由于缺乏练习经验，盲目或冒失地进行练习，或在练习中畏难、紧张以及犹豫不决，这都是造成受伤的重要原因。

2. 准备活动不适当

统计资料表明，缺乏准备活动或准备活动不适当，是造成受伤的首要原因。准备活动能将人体自主神经系统与运动神经系统统一协调地调动起来，使其达到预期水平，满足人体运动中的机能需求。另外，准备活动还能提高身体温度，降低肌肉与韧带的黏滞性，加大关节运动幅度。

3. 对人体结构认识不清

在进行健美操运动时，一些具有难度的动作对腕关节的使用率极高，腕部的韧带结构比较复杂，发生运动损伤的概率也比较大。

在进行跳跃类的动作时，对踝关节的要求比较严苛，踝关节的重心稍有偏移，或者是协调不周就会造成崴脚或内翻，甚至会引发相关韧带的拉伤。踝关节作为健美操运动的主要支撑点以及发力的关键部位，关节韧带所要负荷的重量较多，很容易出现踝关节的损伤。

腰作为身体的枢纽，不管是肌肉还是韧带、筋膜都会受到反复的拉伸，平时一些细微的损伤都会随时间而积累，造成相关韧带纤维以及肌肉撕裂，甚至是出现少量出血、水肿等现象，慢慢地就会出现慢性腰痛，危害我们的身体健康。

膝关节作为人身体内最关键也最复杂的关节，最基本的就是进行屈伸运动，如果膝关节突然伸直或者弯曲，内外两个半月板就会出现不同的方向运动的情况，很容易造成半月板损伤。健美操运动中会经常出现腾空落地的动作，如果没有适当的缓冲，突然地屈膝就会造成半月板损伤。对这样的现象不加以重视就容易导致膝关节以及周围的肌肉组织扭伤或者是产生炎症。膝关节的重要性不言而喻，膝关节一旦受到损害，恢复的难度就会加大，在健美操运动中，一定要注重对身体各个机能的保护，避免不必要的损伤。

4．动作与技术要领不匹配

在进行健美操运动的过程中，动作与技术要领之间的不匹配所造成的失误，不仅违反了人体结构的运动规律，而且会造成人体机能的组织损伤。运动项目不同，其损伤部位也不同。一般来讲，大多数运动损伤是可以预防的。只要我们了解和掌握其发生的原因、规律，从而采取相应的措施，就能把运动损伤发生的概率降至最低。

任何一项运动都会涉及动作规范与技术要领，健美操运动也不例外。健美操运动所涉及的难度不同，对于动作的要求以及技术要领的要求自然也不相同。健美操运动存在动作规范、技术要求复杂多变的情况，这对于健美操的锻炼者来讲具有很高的要求，锻炼者一旦走神就会出现动作失误，进而出现运动损伤。在进行健美操运动时，一定要注重技术要领与动作要求相匹配，这不仅符合人体的机能运动规律，还有利于人的身心发展。健美操也是一项集体运动，也讲究集体的配合，进行集体健美操运动时，要注重与集体的配合，发挥出健美操运动的积极作用。

健美操的难度动作并不适合于每一个人，也不能单纯依靠力量完成难度动作，一定要根据自身的身体情况量力而行。自身的身体情况、合理的运动方式以及循序渐进的运动规律相结合，才会获得自己想要的效果。在健美操运动中，一定更注重对力量的把控，一旦用力过猛，就会出现运动损伤。追求健美操运动的规范性与创新性是值得鼓励的，但是一定要注意自身的安全，注重动作与技术要领之间的配合，否则，出现运动损伤就会得不偿失。

5．环境因素

（1）练习场地太滑、太硬、不平整，练习器械失修或维护不良，器械安装不牢固，缺乏必要的防护器具以及练习时服装鞋袜不适宜等，都可能成为受伤的原因。

（2）不良气象因素的影响。例如，气温过高，易发生中暑和疲劳；气温过低，肌肉粘滞性增加，导致肌肉僵硬，身体协调性下降；潮湿高温易大量出汗，身体盐分减少，容易发生肌肉痉挛或虚脱；光线不良使人反应迟钝等。

（五）竞技健美操运动损伤的原因

1．基础训练水平不足

竞技健美操运动发生损伤与身体素质训练、专项技术训练以及心理素质等有密切关系。身体素质不良时，肌肉力量和弹性差、反应迟钝、关节的活动范围小且稳定性也较弱，容易导致损伤；专项技术水平低，往往会使运动员做出超出能力及安全范围的动作，更容易导致损伤；心理素质低的运动员在完成高难动作时易产生犹豫、紧张及害怕的情绪，从而导致动作变形，也是运动损伤的重要原因。

2．运动员竞技状态不良

运动员疲劳、患病、处于病后康复阶段以及心理状态不佳都可能是产生运动损伤的诱因。尤其是运动员疲劳或者过度疲劳时，其力量、速度、柔韧、灵敏、耐力等身体素质都会有明显的下降，注意力和警觉性下降，机体反应迟钝。在这种情况下如果还继续高强度的训练或者比赛，就极易发生损伤。

3．训练、竞赛组织不当

在进行竞技健美操训练与比赛时缺乏医务监督或者不听取医师的意见，带病参加训练与比赛，教练员违背科学训练原则，保护方法不当或未给予保护帮助，竞赛场地器材不科学，临时改变比赛时间、场地等赛事组织不当，都会导致损伤的发生。

4．未进行准备活动或准备活动不合理

竞技健美操运动对准备活动的要求更高，科学的运动量、时间以及间隔不仅是竞技水平发挥的保障，而且是避免训练、比赛过程中发生损伤的有效途径。

二、健美操运动损伤的防治

（一）加强思想教育

加强思想教育，首先要确立安全第一的思想观念，要使锻炼者明白锻炼身体、增进健康是为了更好地学习、工作和生活。把预防运动损伤建立在有正确思想认识的基础上。安全教育要贯穿在整个教学过程中，认真贯彻"预防为主"的方针。

（二）认真做好预防准备工作

做好充分的准备工作，是预防运动损伤的关键。由于每个人的身体条件、身体素质不同，所以不能确定在运动过程中会发生什么样的突发情况，只有做好充分全面的预防准备，才能最大程度上避免在运动中受伤。准备工作的内容要根据个人的身体特点、运动项目、运动强度、气候变化等因素进行科学合理的安排。尤其是对于极易损伤的部位，更要加强防范意识，选择适宜的运动服装和设备，在环境较好的运动场所进行锻炼。

（三）合理安排准备活动

在进行准备活动之前，一定要先选好合适的锻炼场地，保证运动器材安全可靠，运动着装一定要规范适宜。还要掌握一定的初步急救知识与方法，初步救急得当的话，会大大

减少以后出现并发症的可能性，也会降低以后出现不可挽救的情况的概率。掌握一些初步救急的方式对预防运动损伤具有重要意义。

根据学员的年龄、性别以及健康状况、训练水平，进行合理规划，做好准备工作，根据健美操的运动特点，做好充分的准备活动，加大各个关节的活动幅度，使身体器官处于运动状态，同时还要注重思想的集中，这样才能避免因前期的准备工作不足而造成的运动损伤。

适当的准备活动可以调动身体器官，抵抗生理上的惰性，促进肌肉的运动，调动自己的注意力，为开展后续的训练活动做好充足的准备，防止运动损伤。如果神经系统与内脏器官没有被调动起来，身体的协调性与延伸性就会变差，在这样的情况下开展技术动作的练习，就会容易出现运动损伤。健美操运动需要调动身体的各个器官进行协作。一定要注重准备活动的开展，防止因准备活动不足而出现运动损伤。因为训练过程中存在很多不确定因素，一定要因地制宜，合理有序地安排训练内容，避免运动损伤的出现。

（四）合理安排训练内容

长时间进行健美操训练，会产生运动负荷，不适当的运动负荷会使人疲劳且体能下降，如果健美操运动长期出现不适当的运动负荷，就会产生运动损伤。合理安排训练内容也是防止出现运动损伤的重要途径之一。训练的内容一定要体现科学性，训练与休息是相辅相成的，一定要注重与自己的身体情况相结合，不能逞强，不能忽视自己的身体情况，健美操运动训练应该是有针对性的，这同时也是防止出现运动损伤的关键因素之一。

（五）合理安排放松恢复

健美操运动应该配备相应的放松训练，还应该配有一定的恢复措施。有效的放松运动是避免运动损伤的有效方式之一。适当的放松与恢复，可以调节原来紧张的肌肉，恢复人体的机能。睡眠与增加营养都是比较提倡的方式，药物与红外线照射的方式不宜采用。只有教练与训练人员都认识到放松与恢复的重要性，才会起到事半功倍的效果。

（六）加强医务监督

加强医务监督能及时了解运动员的身体状态，运动员也要主动地进行定期的身体检查。只有对身体状态有一个清晰全面的了解，才能有针对性地进行调整和提高。当身体不适时，要认真听取医生的意见，及时进行调整；当身体状态正常时，也要做好自我监督工作，随时注意身体的变化。

（七）重视动作技术分析

掌握正确的动作技术要领，在练习健美操运动的过程中一定要注重对动作技术要领的理解，一旦出现理解偏差，就会违反生理结构以及运动学的规律，运动损伤出现的概率就会增大。正确地理解与运用动作技术要领，对提高练习效率以及预防运动损伤具有重要意义。教练应该重视在练习过程中出现的动作失误，这也是规避损伤的重要途径。

掌握正确的动作技术要领，还应注重运动量的循序渐进。在进行训练时，不能急于求成，忽视运动规律。一定要按照循序渐进的原则，尊重客观规律，既要注重身体的全面锻炼与发展，也要注重自身的身体条件。不能将身体的负荷长时间集中在一个部位，造成局部的压力过大而形成损伤。

第四章

健美操运动的动作分析

健美操运动的基本动作是指健美操中最具有典型性、代表性的动作，是健美操学习的重要内容，掌握健美操运动的基本动作技术，能够为接下来学习的成套操打好坚实的基础。本章将对健美操基本动作特点与作用、竞技健美操的动作分析、健身性健美操的基本动作以及健美操动作组合等内容进行论述。

第一节　健美操基本动作特点与作用

健美操基本动作是健美操运动的基础，是最小的健美操运动元素，所以，健美操的组合动作都是在基本动作的基础上发展和演变起来的。健美操的基本动作简便易学，是健美操初学者的必修课。

一、健美操基本动作的特点

（1）健美操基本动作是健美操最典型、最核心的部分。健美操中使用动作的变化和创新都是在基本动作的基础上产生和发展的，身体某个部位的基本动作具有各部位的共同特征，最具有代表性和典型性。

（2）健美操基本动作内容丰富，动作相对比较简单，练习者易于联系和掌握。健美操的基本动作是从传统的器械健身演变而来，并融入了安全、艺术实用等其他因素，逐渐形成了具有自身特点、风格的一套动作，其基本动作不仅丰富多样，而且易于使练习者掌握和达到锻炼效果。

（3）健美操基本动作是健美操动作中最重要而且是最稳定的部分。健美操基本动作不仅代表了健美操醒目的特点，而且是健美操基本的组成部分，在基本动作的基础上不断地加以变形、组合，加以节奏、路线、方向等变化为动感、流畅、优美的不同的动作组合，因此，健美操基本动作是健美操动作最重要也是最稳定的部分。

二、健美操基本动作的作用

第一，通过练习健美操基本动作，有助于练习者养成良好的身体姿态。良好的身体姿态是健美操练习者精神面貌和扎实功底的表现。

第二，熟悉掌握健美操基本动作，可以使健美操练习者更快、更好地学会动作组合和整体动作。健美操基本动作是健美操组合的基础，只有熟练掌握基本动作，练习者才能更好地理解组合，以便更好地掌握组合。

第三，通过健美操基本动作的练习，健美操练习者可以更好地体会发力。用力和控制的过程，达到更好的练习效果。

第四，掌握好健美操基本动作的规格、所用拍数，有助于健美操编排者更好地编排动作组合。

可见，健美操基本动作具有非常重要的作用，因此，不管是健美操练习者还是编排者，都要好好地掌握健美操基本动作。

第二节　健美操运动基本术语

众所周知，健美操与其他体育竞技类项目不同，它并没有悠久的历史，其发展历史也仅有短短的几十年时间。但是，在这短短的几十年间，健美操的发展速度之快是令人瞩目的。短短的几十年间，健美操被广大民众所接受并且大有发扬光大的趋势，因为健美操是力与美的结合，是广大民众展示团结向上风貌的一种表现形式，民众学习与推广健美操可以培养其顽强的意志，陶冶美的情操，增强对艺术与音乐的感受力。

在参与健美操的过程中，每一位参与者踏着潇洒的节拍，踩着欢乐的旋律，在舞动着别样的青春。同时，我们惊喜地发现，在日复一日的辛勤苦练，在汗水与泪水的交换下，每一位参与者的自信力与日俱增，不仅如此，学习健美操还可以锻炼到身体的肌肉，可以增加人的关注度，对身体协调性有很大的帮助。所以，健美操得到广大民众的认可是无可厚非的，也是必然的。由于民众如此热爱与关注健美操，所以健美操的专业术语已形成较为清晰准确的系统。

一、动作方法术语

（1）立：两腿站立的姿势。有并腿立、分腿立、提踵立、点地立、单腿立等。

（2）蹲：两腿屈膝站立的姿势。半蹲，屈腿大于90°；全蹲，屈腿小于90°。

（3）弓步：一腿屈膝，另一腿伸直，身体重心在两腿之间的站立姿势。一般常用的有前弓步和侧弓步。

（4）点地：一腿伸直或屈膝站立，另一腿脚尖或脚跟触地的姿势，身体重心在着力腿。有向前、侧、后点地。

（5）踢腿：一腿站立，另一腿做有力的摆动动作。有向前、侧、后踢腿。

（6）吸腿：一腿站立，另一腿屈膝向上抬起的动作。有向前、侧吸腿。

（7）平衡：一腿站立，另一腿抬起并保持一定时间的动作。

（8）举：臂或腿抬起并固定在某一方位上的姿势。有前举、侧举、斜下举等。

（9）屈伸：肢体在矢状面，绕额状轴向前运动为屈，向后运动为伸（膝踝关节相反）。

（10）摆动：臂或腿在某一平面内，自然地由某一部位匀速运动到另一部位的动作。手臂摆动以肩关节为轴，腿的摆动以髋关节为轴。有前后摆动、左右摆动、上下摆动等。

（11）振：臂或上体做大幅度的加速摆动动作。

（12）绕：身体某一部位摆至180°以上，360°以内的动作。绕环：身体某一部位摆至360°或360°以上的动作。

（13）跪：屈膝并以膝着地的姿势。有跪立、单腿跪立、跪坐、跪撑等。

（14）坐：以臀部着地的姿势。有屈腿坐、并腿坐、分腿坐、半劈腿坐、盘腿坐等。

（15）卧：身体躺在地上的姿势。有仰卧、侧卧、俯卧等。

（16）撑：手着地并承担身体重量的姿势。有俯撑、俯卧撑、蹲撑、仰撑等。

二、关系术语

（一）运动面与运动轴

1. 运动面

按照人体的解剖学方位，人体有三个相互垂直的基本面，即矢状面、额状面和水平面。

（1）矢状面：沿身体前后径所做的与水平面垂直的切面。矢状面将人体分为左右两半。

（2）额状面：沿身体左右径所做的与水平面垂直的切面。额状面将人体分为前后两半。

（3）水平面：横切直立人体与地面平行的切面。水平面将人体分为上下两半。

2．运动轴

人体运动时的三个相互垂直的基本轴，是描述人体转动时的假想轴，包括额状轴、矢状轴和垂直轴。

（1）额状轴：俗称横轴，是左右平伸，与水平面平行、与矢状面垂直的轴。

（2）矢状轴：俗称前后轴，是前后平伸，与水平面平行、与额状面垂直的轴。

（3）垂直轴：俗称纵轴，是与人体长轴平行，与水平面垂直的轴。

（二）肢体关系术语

（1）同侧：同一侧的上肢和下肢动作的配合，如出左腿，出左手。

（2）异侧：不同侧的上肢和下肢动作的配合，如出左腿，出右手。

（3）同面：上肢动作和下肢动作的运动面一致，

（4）异面：上肢动作和下肢动作的运动面不一致，如向前走，手臂侧摆。

（5）同时：上肢和下肢同一时间做动作。

（6）依次：上肢或下肢相继做同样的动作。

（7）双侧：两臂同时做同样的动作或下肢依次做相同的动作。

（8）单侧：只有一只手臂做动作或只做了一个方向的动作，如侧交叉步，右臂屈伸两次。

（9）对称：两臂同时做相同的动作或下肢依次做不同方向但相同的动作。

（10）不对称：两臂同时做不同的动作或下肢依次做不同的动作。

（三）移动术语

（1）移动：身体向着相应的方向参考点运动的方式。

（2）向前：向着前面的参考点方向运动。注意"前"和"向前"的区别，人们可以面向前并向前移动，也可以面向后且向前移动。

（3）向后：向着后面的参考点方向运动。

（4）向侧：向着侧面的参考点方向运动。

（5）原地：无移动或在4拍内回到原来的地方。

（6）转体：身体绕垂直轴转动。转体 360° 可以是 4×90° 或 2×180° 的转体。

（7）绕圆：绕着一个相应的点做转体，经常是向前、向后和向侧移动的结合。

三、基本概念术语

（一）健美操概念术语

（1）有氧练习：以人体有氧系统供能、运用大肌肉群的、持续的和有节奏的练，如有氧操、游泳、骑自行车等。

（2）冲击力：人体运动时对地面产生一定的作用力，而地面同时也给予人体的反作用力，即冲击力。这种冲击力随着每一个动作自下而上通过人体向上并逐渐消失。

（3）无冲击力动作：两只脚都接触地面或不支撑体重的动作，如双腿半蹲，以及垫上动作、划船机和自行车练习等。

（4）低冲击力动作：总有一只脚接触地面的动作，如踏步、侧交叉步等。

（5）高冲击力动作：两只脚都离开地面，即有腾空的动作，如开合跳、吸腿跳等。

（二）力量练习概念术语

（1）肌肉力量：肌肉收缩抵抗阻力的能力，一次可举起的最大重量为最大肌肉力。

（2）肌肉耐力：肌肉长时间保持工作的能力，即运用一次最大强度多次重复或间收缩的能力。

（3）阻力练习：运用负荷限制正常的动作，使肌肉克服一定阻力的练习，常于发展肌肉的力量和耐力。

（4）主动肌：在某一动作中直接收缩的主要用力肌群。

（5）协同肌：在某一动作中协助主动肌用力的肌群。

（6）对抗肌：和主动肌作用相反的肌群，通常在动作中是放松或伸展的。

（7）固定肌：固定主动肌一端附着点所在的肌肉群。固定肌使主动肌的拉力方向保持一定。另外，固定肌收缩抵抗重力的作用，使练习时身体保持稳定。

（8）向心收缩：肌肉收缩时克服重力的作用，并引起肌纤维长度缩短。

（9）离心收缩：肌肉收缩时借助重力的作用，有控制地伸展肌肉，造成肌纤维逐渐伸长。

（10）动力性收缩：肌肉在一定范围内收缩，肌纤维交替缩短和伸长，即交替做向心收缩和离心收缩。

（11）静力性收缩：肌肉收缩，但肌纤维长度保持不变。静力性收缩练习对增强肌肉在某一位置上的力量非常有效，因此对保持身体姿态和损伤后的恢复具有重要意义。

四、术语的记写

（一）简称法

1．用动作名称和完成数量表示

注意在完成数量只有一次时可省略，以 32 拍为单位，每行为一个 8 拍动作。

2．以单个动作为单位记写

适用于较复杂的组合动作。以 32 拍为单位。

（二）绘图法

绘图法是指用简单的单线条人体图将一个动作或一串动作形象地勾画出来，起到记录和再现动作的目的。

1．人体运动的基本轴和基本面

人体运动是围绕着某个轴在某个面上运动的。稍复杂的动作可能就是在不同轴和不同面上进行的。

2．单线条人体图的解剖结构

单线条人体图的对象是人体和千姿百态的动作造型，而动作的变化是由肌肉作用于关节，使肢体产生的不同位移。因此，我们把影响人体运动的肢体分为五大部分和八大关节。

五大部分包括头部、胸部、髋部和上肢、下肢。这五大部分都有其各自不同的结构和特点。

八大关节包括颈、腰、髋、膝、踝、肩、肘、腕。在人体运动过程中，各关节的活动规律和动作幅度能直接反映出动作的风格及专业特点。单线条简图侧重表现头、躯干和上肢特有的动作意向以及下肢的肌肉形态和空间位移的变化。

3．单线条简图的人体比例及各部位的画法

我国自古作画就有立七、坐五、盘三之说。随着时代的进步，人类物质和文化生活水平不断提高，人体比例也随之改变。现在人们理想的身高比例是 7.5 ～ 8 个头高。身体各部分具有不同的比例。那么，单线条简图的比例又如何呢？我们称它为四格人体比例、也

就是说在四个格子里完成动作绘图。

头在1格的中间，躯干占1格，腿占2格，手臂占1.5格，如图4-1所示。

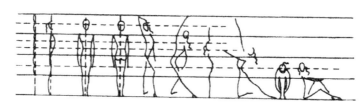

图4-1 单线条四格人体比例

图4-1中的人物都是采用椭圆形和弧线、曲线来完成的。人体千变万化的姿态都可来表示。

（1）头部：在绘头部线条时，用笔要流畅，椭圆的大小要一样，表示侧面的半弧形不要超过半圆。要注意头部的方向，下笔即成，不要涂改。

（2）躯干：用两条对称或不对称的曲线来表示。在绘女性线条图时，要掌握好两肩、髋和腰的宽度比例，即3∶2∶1，所画的线条一定要反映出女性特征。例如，画半侧面时，一侧要表现出腰的曲线，另侧要表现出胸的曲线；两肩胸前不用连线，留出想象的空间；两肩背后要用一条连线来区别正面。

（3）下肢：下肢的线条主要根据腿部的肌肉形状和脚的方向来表现。在绘腿部至脚尖的线条时，要注意腿部的肌肉外形特点和脚的变化。要分别掌握：①站立时，腿的不同形态的表示方法；②屈腿时，腿的不同形态的表示方法；③脚的不同形态的表示方法。

（4）上肢：上肢的线条较短，一般用略微弯曲的线表现手臂的变化。通常手的变化有掌型、拳型、五指型。

4．绘制单线条简图的基本步骤

当了解了有关单线条简图的基本知识后，如何通过手中的笔使这些线条各就其位呢？绘制者要认真思考需要通过笔画出来的动作是什么，一定要掌握动作的"魂"。也就是说，这个动作的主旨是什么，然后思考如何通过一支笔将动作准确而又清晰地绘制出来，使得学习者一目了然。

绘制简图的基本如下：

（1）初学先要在横格本子上绘图。先要确定地线和简图的高度、一般每行图要留出六个格手、下面一行写拍节、上面一行留出于或跳起的空间。

（2）绘图的角度。为了准确表现动作，应选择合适的绘图角度。通常选择正对作的前度，即画出来的动作和你所看到的动作一样。有些动作从正面不易展现时，也可以从容了解动作形的角度来画，但要在图的右上角标明动作方位。

（3）开始绘图时、在格子上画出离你最近的线条，并勾出躯干的形态，然后再画出远端的线条。近处的线条要长，远处的线条要短；近处的线条要连起来，远处的线条要在交叉处断开。决定重心的线条要后画，使重心落在两脚之间；最后画头，注意要留出颈部的位置。

（4）动作形态勾画出来后，加上手、足的肢体形态和辅助线条。画组合动作时，需在动作下方标明拍节。

5. 绘制线条简图的注意事项

（1）初学者在绘制简图时应使用铅笔和橡皮，以便修改。

（2）运笔要流畅、连接的线条最好一笔画下来，尤其是在画一个部位时不要来回描。

（3）在绘制简图过程中，当改变身体角度或改变绘图的面时，应及时在图的右上角标明身体方位，即通常所指的面向几点（共有 8 个点），并在图的旁边标明转体角度。

（4）在运动中，人体的重心只有在支撑面内才能保持身体平衡，因此，在绘图时一定要注意重心是否在支撑面内。单腿站立时支撑而和支撑点基本上是重叠的，如图 4-2 所示。

图 4-2　重力与支撑面的关系

（三）图文法

前面介绍的两种记写方法各有利弊。而图文法把这两种方法合并起来运用，因此能够取长补短。

记写的方法就是先将动作的中文名称或英文名称写出来，在动作名称的旁边用简单的单线条简图画出手臂的动作。对于那些不容易表达清楚或有转体的动作，可加一个或几个简图并标清楚转动的方向和角度。图文法记写举例，如图 4-3 所示。

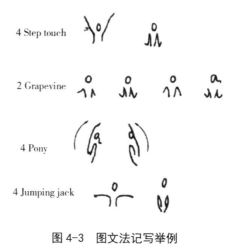

4 Step touch

2 Grapevine

4 Pony

4 Jumping jack

图 4-3　图文法记写举例

第三节　健身性健美操的基本动作

目前健身大众健美操基本动作有很多，也有引进其他项目的内容，都已经被长期使用并发展成健美操常用的基本动作。下面从步法、上肢动作、躯干动作、基本力量和伸展动作五部分进行归纳总结。

一、基本步法

健身健美操的基本步法根据人体运动时对地面的冲击力大小分为无冲击步法、低冲击步法、高冲击步法。

（一）无冲击步法

无冲击步法动作是指两脚始终接触地面的动作，身体重心在两脚之间，没有腾空动作。

（1）弹性：膝关节有弹性的屈伸。

（2）半蹲：两腿分开或并拢，屈膝。

（3）弓步：一腿向前（侧、后）迈步屈膝，另一条腿伸直。

（4）提踵：脚跟向上提起，然后还原

（5）箭步蹲：一腿向前一步屈膝；另一腿屈膝，大腿垂直地面，脚跟向上；中心在两脚之间。

（二）低冲击步法

低冲击步法是指在做动作时始终有一只脚接触地面，根据它的完成形式分为以下四类：

（1）踏步类

踏步类动作是两脚交替落地的动作。

① 踏步

动作方法：单拍完成动作。两只脚在原地交替抬起和落地。

完成要领：前脚先落地，过渡至全脚，从踝关节、膝关节、髋关节依次缓冲，保持腰腹。

肌肉收紧。

② 一字步

动作方法：4拍完成的动作。两脚依次向前迈一步，并拢，再退一步，还原。

完成要领：每次落地下肢关节依次顺势缓冲。

③ V字步

动作方法：4拍完成的动作。以右脚为例，右脚向右前迈一步，屈膝缓冲，左脚向左迈一步成屈膝半蹲，两脚成运动轨迹"V"字形，然后从右脚依次退回原位。

完成要领：迈出的脚以脚跟落地，过渡至前脚，并注意关节的缓冲及动作的弹性。可加入不同的手臂动作。

④ 曼巴步

动作方法：4拍完成的动作。曼巴步简称漫步。以右脚为例，右脚向前或向后迈一步，屈膝缓冲，重心前移，左脚稍抬起；重心后移，右脚还原，左脚稍抬起。

完成要领：动作过程重心移动不要过大，以免失去节奏控制。完成的曼巴步需要4拍，但经常被分为前后1/2漫步以连接其他步法。

⑤ 小曼巴步

动作方法：6拍完成动作。小曼巴步简称小漫步。以右脚为例，右脚向左前做1/2漫步后还原，然后左脚再向右前方再做1/2漫步。

完成要领：注意每一拍落地时的缓冲，手臂动作比较随意，也可做拉丁的动作；可做一个向后的小漫步动作。

⑥ 桑巴步

动作方法：6拍完成动作。以右脚为例，右脚向右踏一步，左脚向右脚后做1/2漫步，然后左脚向左踏一步，右脚向左脚后再做 12 漫步。

完成要领：注意每一拍落地时的缓冲，手臂动作比较随意，也可做拉丁的动作；可向前做桑巴步，还可变换节奏完成。

⑦恰恰步

动作方法：2 拍动作。以右脚为例，右脚迈一步，后半拍左脚在右脚后方快速跟进一步或跳起并步，然后右脚再向前一步。

完成要领：注意节奏的掌握，第一拍两动，第二拍一动；通常和漫步连用。

（2）迈步类

指一脚先迈一步，同时移重心，另一腿做点、抬、并等动作。

①并步

动作方法：2 拍完成的动作。以右脚为例，右脚向右侧迈一步，左脚前脚掌并与右脚，稍屈膝下蹲，然后接反方向。

完成要领：落地时膝部应顺势向下屈膝缓冲，动作过程保持腰腹的稳定。

②交叉步

动作方法：4 拍完成的动作。一条腿向侧迈出，另一条腿在其后交叉，稍屈膝，随之再向侧一步，另一只脚点地并拢；然后可接反方向。

完成要领：交叉步是向侧移动的主要步法之一，应尽能力增大完成动作的幅度，落地时膝部应顺势向下屈膝缓冲，动作过程保持腰腹的稳定。

③迈步后屈腿

动作方法：2 拍完成的动作。一只脚向右侧迈一步，膝稍屈曲，另一条腿小腿后屈；然后可接反方向。

完成要领：第一拍迈步落地时有一个两腿都屈的过程，接着重心应控制在支撑腿上，保持关节的弹动控制；另一条腿勾脚后屈，脚跟尽量靠近腿部。

④迈步吸腿

动作方法：2 拍完成的动作。一只脚向前或向侧迈一步，另一条腿屈抬膝至水平，然后还原。

完成要领：保持关节的弹性控制，屈膝抬起的腿可根据能力尽量抬高，腹肌收紧，上体稍前倾靠向大腿。

⑤滑步

动作方法：2 拍完成的动作。以右脚为例，右脚右侧迈一大步屈膝站立，左脚侧点地滑行至左脚，上体稍侧屈。

完成要领：此动作作为舞蹈的动作，对身体控制及姿态要求较高。保持重心在支撑腿上，上体侧屈并先行引领上肢动作。

⑥ 迈步前踢腿

动作方法：2拍完成的动作。一只脚向前迈一步，另一只脚向前下弹踢，然后两脚依次还原。

完成要领：弹踢腿使关节不要强直，保持重心稳定，腰腹收紧。

⑦ 迈步侧踢腿

动作方法：2拍完成的动作。以右脚为例，右脚迈一步，左脚向左侧提出，然后接反方向。

完成要领：弹踢腿使关节不要强直，脚面向上，保持重心稳定，腰腹收紧。

（3）点地类

一条腿屈膝站立，另一条腿伸出，用脚尖或脚跟点地后还原到并腿位置。

① 脚跟前点地

动作方法：2拍完成动作。一只脚稍屈膝站立，另一只脚跟前点地，然后还原。

完成要领：中心开始在支撑腿上，保持支撑腿的弹动，腰腹保持稳定。

② 侧点地

动作方法：2拍完成的动作。以右脚为例，右腿稍屈膝站立，右腿脚尖右侧点地，然后还原。

完成要领：重心始终在支撑腿上，腰腹保持稳定，动力脚往远延伸，脚背向前。

（4）抬起类

一条腿支撑地面，另一条腿以支腿或屈腿形式向上抬起。

① 吸腿

动作方法：2拍完成的动作。一条腿支撑地面，另一条腿屈膝向上抬起，还原。

完成要领：保持支撑腿的弹性缓冲及身体稳定。

② 踢腿

动作方法：2拍完成的动作，一条腿支撑地面，另一条腿向前或向侧踢，还原。

完成要领：保持支撑腿及身体稳定。

（三）高冲击步伐

高冲击步伐是指有一瞬间双脚同时离开地面的动作，有腾空的动作。

1．迈步跳起类

（1）并步跳

动作方法：以右脚为例，右脚迈一步同时登地起跳，左脚并与右脚，两脚同时落地。

完成要领：单脚起跳，双脚落地，空中保持身体姿态，落地屈膝缓冲。

（2）上步吸腿跳

动作方法：右脚迈一步同时登地起跳，另一条腿吸起，单脚落地。

完成要领：单脚起跳，单脚落地，空中保持身体姿态，落地屈膝缓冲。

（3）开合跳

动作方法：4拍完成的动作。双脚并拢屈膝向上起跳，落地成开立，再向上起跳，两腿并拢还原。

完成要领：双脚起跳，落地开立脚尖向外转开，脚尖膝盖同一方向，屈膝缓冲，空中保持身体状态。

（4）弓步跳

动作方法：单拍完成的动作。两腿并拢起跳，落地后一腿在前一腿在后地弓步，或半侧面弓步。

完成要领：双脚起跳，落地时成弓步，身体保持直立，前腿屈膝缓冲。

2．单脚起跳类

（1）弹踢腿跳

动作方法：2拍的动作。右腿抬起前屈，左脚起跳同时将右膝伸直（侧、后）踢出，然后右脚落地同时左腿后屈，反方向动作重复。

完成要领：弹腿时，大腿先发力，小腿再弹出，有控制向前下方延伸。

（2）后踢腿跑

动作方法：两脚经过腾空后，一只脚落地，另一条腿后屈膝，反方向重复。

完成要领：单脚起跳，单脚落地，屈膝缓冲，保持身体直立状态。

（3）小马跳

动作方法：2拍完成的动作。右脚抬起，左脚蹬地离开地面跳起后向侧跳小步，左右脚依次落地并交换腿小跳，至右脚站立，左脚脚尖点地。

完成要领：单脚起跳，依次落地。交换腿动作，脚踝弹动缓冲，保持身体直立姿态。

二、上肢动作

上肢动作包括基本手型和常用的上肢动作。它既能使动作变化多样，又能改变动作的强度和难度，提高观赏价值。

（一）基本手型

（1）并掌：五指并拢伸直，指关节不能弯曲。

（2）开掌：五指用力分开伸直。

（3）花掌：又叫西班牙手型。分掌的基础上，从小指依次内旋，形成扇面。

（4）立掌：手掌用力上屈，五指指关节自然弯曲。

（5）一指：拇指与中指、无名指、小指相叠，食指伸直。

（6）剑指：拇指与无名指、小指相叠，中指与食指并拢伸直。

（7）响指：无名指、小指屈，拇指与小指用力摩擦打响

（8）拳：四长指握拳，拇指第一关节扣在食指与中指的第二关节处。

（9）舞蹈手型：应用拉丁、西班牙、芭蕾等手型。

（二）常用的上肢动作

（1）屈：关节角度减小，如肘关节屈、肱二头肌收缩。

（2）伸：关节角度增大，如肘关节伸、肱二头肌收缩。

（3）上提：屈臂或直臂的由下举提至胸前或体侧、三角肌收缩。

（4）下拉：屈臂或直臂的由上举或侧举拉至胸前或体侧。

（5）摆动：以肩关节为轴，屈臂（直臂）在180°的同时或依次运动。

（6）屈臂摆动：屈肘在体侧自然地摆动，可同时摆动或可一次摆动。

（7）冲拳：屈臂握拳由腰间同时或依次冲至某位置。

（8）推：手掌由肩侧同时或依次冲至某位置。

（9）振：肩、胸、肘关节小幅度快速做振臂式的屈伸。

（10）绕和绕环：以肩关节为轴，手臂180°至360°之间的运动为绕；大于360°以上的动作为绕环。

（11）交叉：两臂重叠成"X"型。

三、躯干动作

在健美操练习中，躯干部位通常起到稳定身体的作用，因此，肌肉力量的平衡尤为重要。发展躯干肌肉的方法有很多，可徒手、使用轻器械或固定器械。下面只介绍发展躯干肌肉的基本动作和方法。

（一）头颈部

（1）屈：头颈关节角度的弯曲，包括前屈、左屈、右屈。

（2）转：头颈部绕身体的垂直轴的转动，包括左转、右转。

（3）绕：头以颈部为轴心的弧形运动，包括左绕、右绕。

（二）胸部

（1）含展胸：直臂或屈臂做内收动作，通常与手臂的外展结合进行。

（2）左右移胸：两臂侧平举，胸部左右水平移动。

（三）肩部

（1）提肩：肩胛骨做向上的运动。

（2）沉肩：肩胛骨做向下的运动

（3）绕肩：以肩关节为轴做小于 360° 的运动。

（4）肩绕环：以肩关节为轴做 360° 圆形动作。

（四）背部

（1）背部肌肉主要有背阔肌、斜方肌、菱形肌和大圆小圆肌，当其收缩时，可使肩关节外展、下沉，使臂伸和在垂直方向内收。

（2）外展：屈臂或直臂做外展动作，通常与臂的内收结合进行。

（3）上举下拉：两臂由侧上举下拉至髋侧。

（五）腰腹部位

（1）腰屈：髋部不动，上提前屈或后屈。

（2）屈髋：上肢不动，髋向前或侧屈。

（3）转腰：下肢不动，上体沿垂直轴的扭转。

第四节　竞技健美操的动作分析

　　竞技健美操是健美操的重要组成部分，它是在大众健美操的基础上发展起来的。竞技健美操与健身健美操有一定的相同之处，它同样具有强健体魄、塑造形体、调整情绪等作用，但作为一种竞技项目与健身健美操相比，它在动作难度、技巧、运动强度等方面都有更高的要求。在套路编排上，竞技健美操更加追求动作的准确性、全面性和创新性。在动作表演上，则着重于突出动作细节的准确性，以及整套健美操的艺术表现力。竞技健美操的艺术表现力除了体现在表演者的全情投入，以及动作表现的精准自如外，还体现在动作结构设计合理、布局巧妙、特殊动作与高潮动作安排恰到好处；动作呈现多样性、各种姿态和造型富于变化；节奏感鲜明、所选音乐风格欢快热烈，音乐与肢体动作相互融合等方面；只有各个方面都做到位，才可以使整套动作精彩不断，异彩纷呈。

一、动力性力量类动作

这组动作包含的种类有俯卧撑类、文森俯卧撑类、俯卧撑腾起类、提臀起类、分切类、成分腿高直角支撑类、旋腿类、托马斯类、直升飞机类、开普类等，共计65个难度动作。

（一）俯卧撑类、文森类、提臀起类与分切类

1.总体描述

（1）开始或结束姿势：当单手或双手支撑地面，肘关节伸直，肩部平直平行于地面，头部处于脊椎的延长线。

（2）肘部的屈伸：俯卧撑下降到最低点，胸离地面的高度不得高于10厘米。

（3）俯卧撑的起落必须要有控制，两肩在起落位置必须与地面平行。

（4）侧倒和后倒俯卧撑的四个阶段必须清晰。

（5）单臂、单臂单腿俯卧撑两脚之间的距离除非有特殊规定，否则一律不得超过肩宽。

（6）俯卧撑腾起或由空中着地时，除非有特殊规定，否则手和脚必须同时以控制的方式同时离开或接触地面。

（7）以俯卧撑的形式着地：屈肘支撑，再推起。

（8）文森类全部难度动作要求腿伸直，并展示出良好的髋关节柔韧性。

（9）架起腿必须搭在同侧肱三头肌上方。

2.特别描述

（1）俯卧撑类

①动作说明

单手或双手支撑地面，肘关节伸直，肩部平直，垂直于地面，头部处于背部的延长

线。屈臂时，肘关节必须保持 45° 的最小角度（俯卧撑飞起和俯卧撑转体 360° 可允许最小 90° 角），俯卧撑的起落必须有控制。俯卧撑类动作包括：侧倒俯卧撑、后倒俯卧撑、单臂俯卧撑、单臂侧倒俯卧撑、俯卧撑飞起、俯卧撑转体一周成俯卧撑、俯卧撑推起空中转体一周成俯卧撑。

② 完成要求

a. 上臂和前臂的角度不能超过 90°，或胸部与地面的距离不能超过 10 厘米。

b. 在整个动作过程中，身体必须保持完美的固定伸直姿态。

c. 单臂俯卧撑肘关节必须向着脚。

d. 侧倒俯卧撑，肘关节必须向侧。

e. 所有的侧倒或后倒俯卧撑必须清楚显示四个阶段。

f. 侧倒或后倒俯卧撑，两腿必须夹紧。

③ 常见错误

a. 不正确的身体姿态。

b. 身体离地距离大于 10 厘米。

c. 起落时，肩部位置不正。

d. 抬头或低头。

e. 身体任何部位接触地面（除手和脚以外）。

f. 单腿支撑时，支撑腿弯曲或脚处于不正确位置。

g. 双脚触地时宽于肩。

（2）文森俯卧撑类

① 动作说明

双手前撑（俯撑），一腿伸展并搭在同侧肱三头肌上端，双腿必须伸直（腿处于劈叉姿态），保持此姿势完成一次俯卧撑，结束时回到前撑。文森俯卧撑类的正确完成要求髋部有极好的柔韧性。文森俯卧撑类包括：后举腿文森俯卧撑、后举腿文森侧倒或后倒俯卧撑、控腿文森俯卧撑、控腿文森俯卧撑后倒俯卧撑、单臂文森俯卧撑。

② 完成要求

a. 必须完成一次俯卧撑。

b. 前腿不能触地。

c. 在完成无支撑劈叉俯卧撑时，前腿不能接触手臂。

d. 在完成抬起搭肘俯卧撑时，抬起腿不能接触地面。

③ 常见错误

a. 当单腿搭在肘上时，腿弯曲或脚处于不标准的姿态。

b. 抬头或低头。

c. 腿搭在三角肌下部。

d. 未完成俯卧撑。

（3）提臀起类

① 动作说明

以前撑开始双臂推动身体向上，空中提臀屈体，屈体位置要求双腿垂直于地面，胸贴近膝盖，以俯撑结束。提臀起类动作包括提臀腾起、提臀腾起转体 180°。

② 完成要求

a. 在下降阶段结束时，胸离地面距离不大于 10 厘米。

b. 双手必须同时离开地面，身体在双手推离地面后展示出腾空。

c. 在空中展示出屈体位置，（躯干和双腿夹角 60°）。

③ 常见错误

a. 腾空动作时，腾空或着地手脚不同步。

b. 在空中没有展示出屈体位置。（躯干和双腿夹角大于 60°）。

（4）分切类

① 动作说明

以前支撑开始，当手臂弯曲后，双手、双腿推起身体上升至腾空，腾空过程中，分腿摆越，前穿至仰撑。整个技术动作过程中，双足抬起离开地面，以仰撑姿势结束。

分切类包括分切成直角支撑、分切成分腿高直角支撑、分切转体 180° 成俯撑、高直角支撑转体 180° 成俯撑、锐直角支撑成仰撑、锐角支撑反切成纵劈叉。

② 完成要求

在动作完成前必须展示出身体的腾空位置。

③ 常见错误

a. 在俯卧撑落地阶段，没有落地的控制技术。

b. 分切时脚蹭地。

（二）旋腿，托马斯，直升机和开普转体类

1. 总体描述

（1）在完成 180° 或 360° 旋腿之前，双腿不能着地。

（2）在旋腿时，臀部必须提起并保持伸展。

（3）直升机：双腿全旋，腿贴近胸腔，身体背部着地（双腿离地），双腿向上向前伸

展，同时转体 180° 并提起成俯卧撑姿势。

（4）以俯卧撑姿态时，手脚必须同时有控制地着地。

（5）开普：由任意或坐姿开始，一条腿弯曲一条腿伸直，直腿踢至肩部，同时蹬伸弯曲腿过渡至单臂支撑，展示劈腿位置。在单臂支撑时，臀部必须高于肩部。

2．特殊描述

（1）旋腿类

① 动作说明

开始姿势——双手体前触地，腿的姿态依动作而变化。旋腿类动作包括单腿摆越一周、双腿摆越半周、托马斯全旋、双腿全旋、俯卧撑分腿摆越、俯卧撑分腿摆越成直角支撑、俯卧撑分腿摆越转体半周成俯卧撑。

② 完成要求

a. 开始位置必须从双臂前撑开始。

b. 在完成动作过程中，脚不能触地。

c. 圆（半圆或一周）必须完整。

③ 常见错误

a. 在动作的任何阶段摆动腿弯曲。

b. 在动作过程中，摆动腿接触地面。

c. 动作不完全（少于半周或一周）。

d. 在伸展阶段臀部未提起。

e. 单腿摆动时，摆动腿未与地面平行。

f. 全旋时，双腿未夹紧。

（2）托马斯类

① 动作说明

分腿前撑，双腿分开开始全旋，从任意手臂直臂支撑开始，双腿直腿围绕身体全旋，在整个动作技术过程中，双腿不得触及地面，前撑结束；托马斯类动作包括托马斯全旋成劈腿、托马斯全旋成文森、托马斯全旋成后举腿文森。

② 完成要求

a. 开始位置必须从双臂前撑开始。

b. 在整个动作技术过程中，双脚不得触地。

c. 双腿必须展示完整的回旋。

③ 常见错误

a. 托马斯时脚蹭地。

b. 托马斯时臀部没有提起伸展。

（3）直升机类

① 动作说明

分腿坐开始，前腿交叉于另一条腿上，准备摆动绕环，单臂支撑开始动作，当前腿摆过身体时，以上背部代替手臂支撑，当两腿摆过身体时转体180°，俯卧撑方向和起始方向相同。

② 完成要求

a. 身体转体时必须仅以上背部为转轴。

b. 开始和结束方向必须相同。

③ 常见错误

a. 直升机转体不充分。

b. 结束面向与开始面向不同。

（4）开普类

① 动作说明

由坐姿开始，一条腿弯曲一条腿伸直，踢直腿至肩，同时蹬伸弯曲腿过渡至单肩支撑、展示劈腿位置。完成动作过程中，躯干的中轴线保持水平以下。开普类动作包括开普成纵劈腿、开普转体180°（360°）成纵劈腿、开普腾空转体360°成俯撑、开普交换腿成纵劈腿。

② 完成要求

a. 在完成动作技术前必须展示腾空阶段。

b. 手臂支撑地面水平夹角至少170°，躯干位于水平以下，双肩成一垂线。

③ 常见错误

开普时，支撑身体的手臂未能够与双肩形成垂直线。

二、静力性力量类动作（支撑类）

这组动作包含的种类有分腿支撑类、直角支撑类、锐角支撑类、文森支撑类、肘撑类、水平支撑类、分腿支撑（转体）、单臂分腿支撑（转体）、直角支撑（转体）、单臂直角支撑转体、分腿直角支撑（转体）、高直角支撑（转体）、锐角支撑、后举腿静力文森支撑、分腿水平肘撑（转体）、单臂分腿水平肘撑（转体）、水平肘撑、单臂分腿水平肘撑（转体）、分腿水平支撑、水平支撑。

1．总体描述

（1）此类动作展示静力性力量，每一个动作必须停 2 秒。

（2）支撑转体动作无论是在开始或结束位置，还是在转体过程中，整个支撑过程必须保持 2 秒。

（3）身体各种姿势完全支撑在单手或双手上，只允许手触地面。

（4）在整个技术动作过程中，双脚或臀部不得接触地面。

（5）在支撑时，手掌或拳头必须平整地撑于地面。

①屈体分腿：屈髋分腿，分腿最小角度 90°，双腿平行于地面。

②直角：双腿伸直并拢，与平行地面。

③高直角分腿：屈髋分腿，夹角 90°，双腿垂直于地面。

④高直角：屈髋并腿，双腿并拢垂直于地面。

⑤锐角：背部平行于地面。

⑥文森：身体伸展并平行于地面，一条腿伸展控制在同侧肱三头肌上端。

⑦水平：身体伸展平行于地面。

⑧水平支撑：双手直臂支撑，身体不得超过水平面以上 20°。

2．特殊描述

（1）直角支撑类

①动作说明

直角支撑类动作是力量的显示，在完成直角支撑类动作时，身体重心应落在支撑手上。作为静力性动作，每一个动作必须保持 2 秒钟，腿必须伸直。

②完成要求

a. 每个支撑动作必须保持 2 秒钟，同时臀部、腿或脚不能触及地面。

b. 双腿伸直并拢。

c. 双腿与地面平行。

d. 身体重心应落在两个支撑手之间。

③常见错误

a. 在动作的任何阶段屈腿。

b. 直角支撑时，腿未夹紧。

c. 支撑动作未保持 2 秒钟。

d. 身体重心未落于两个支撑手之间。

e. 腿未与地面平行。

（2）文森支撑类

① 动作说明

文森支撑类动作是力量与柔韧的显示，在完成文森支撑类动作时，双手前俯撑，一腿伸展并搭在同侧肱三头肌上端，双腿必须伸直，双脚离地，身体重心应落在支撑手上。

② 完成要求

a. 每个支撑动作必须保持 2 秒钟，同时头部、肩部、臀部、腿或脚不能触及地面。

b. 一条腿伸展并搭在同侧肱三头肌上端。

c. 文森俯卧撑类动作的正确完成要求髋部有极好的柔韧性，腿处于劈叉姿态。

d. 身体重心应落在两个支撑手之间。

③ 常见错误

a. 在动作的任何阶段屈腿。

b. 两腿伸展度不够。

c. 支撑动作未保持 2 秒钟。

d. 分腿姿态时两腿距离小于 90°（水平支撑除外）。

e. 头部或肩部触及地面。

（3）分腿直角支撑（转体）

① 动作说明

分腿直角支撑转体动作是以力量为主的综合能力的显示，在完成分腿直角支撑转体动作时，身体重心应在支撑手之间转换。在分腿直角支撑转体时，无论在转体开始、结束或在转体过程中，支撑必须保持 2 秒钟。

② 完成要求

a. 转体过程中，臀部、腿或脚不能触及地面。

b. 支撑转体时必须完整。

c. 腿必须垂直。

d. 在支撑转体时，无论在转体开始、结束或在转体过程中，支撑必须保持 2 秒钟。

e. 小于 90° 的不完整转体，难度动作将被视为降组难度，分值减 0.1。

③ 常见错误

a. 在动作的任何阶段屈腿。

b. 分腿姿态时两腿距离小于 90°（水平支撑除外）。

c. 转体时，自由臂或腿接触地面。

d. 转体不完全；腿未与地面平行。

e. 在转体动作开始或结束或转体过程中，身体姿态未至少保持 2 秒钟。

三、跳与跃类动作

此组动作包含的种类有跳转类、自由倒地类、给纳类、燕式平衡成俯撑类、团身跳、分腿跳类、科萨克跳类、屈体跳类、纵劈腿跳类、横劈腿跳类、剪踢类、剪式变身跳类。

1. 总体描述

（1）每个难度动作开始姿态和特殊描述中一致。

（2）该组所有难度动作必须最大限度地展示爆发力和最大的动作幅度。

（3）所有跳跃类动作可以以单脚或双脚起跳，无论单脚或双脚起跳，都视为同一难度动作，并且分值相同。

（4）落地时必须保持完美的身体标准姿态。

（5）身体在空中的形态必须清晰可辨。

（6）身体和腿必须保持紧张、伸直，并与头和脊柱成一直线。

（7）腾空成俯撑姿势落地时，手和脚必须以有控制的方式同时落地。

（8）以劈叉姿势落地时，手可触地。

（9）以单脚或双脚落地被认为是同一难度的不同形式。该规定对起跳同样适用。

（10）多数情况下，自由倒地以俯撑落地，也允许其他方式落地。

（11）任何落地方式必须有控制。

2. 特殊描述

（1）自由倒地类

① 动作说明

自由倒地，身体处于伸展的标准位置状态，骨盆处于固定位置，身体空中姿态由垂直至水平。当以俯卧撑姿势落地时，手臂必须缓冲，身体从头至脚应是完美的直线姿态。

② 完成要求

a. 身体从头至脚应是完美的直线姿态。

b. 当以俯卧撑姿势落地时，手臂必须缓冲。

c. 自由倒地手、腿必须同时落地。

③ 常见错误

a. 头、髋、膝盖呈弯曲姿态，保持身体姿势的能力差。

b. 当以俯卧撑姿势落地时，手臂未缓冲。

c. 自由倒地手落地后，腿弹起再落地。

（2）科萨克跳类

① 动作说明

科萨克跳应展示极充分的爆发性动作，跳或跃或单脚或双脚起跳，也可单脚或双脚落地，当用双脚落地时，两脚必须夹紧，落地必须缓冲。落地姿势的变化还包括劈叉或俯卧撑。以劈叉姿势落地时，手可触地。纵叉的前腿应膝关节向上，后腿膝关节向下。当以俯卧撑姿势落地时，手臂必须缓冲，身体从头至脚应是完美的直线姿态，并且脚和手必须同时落地。空中保持身体姿态（单个或复合），除非已阐明，手臂姿势任选。

科萨克跳身体空中姿态描述：双腿平行或高于水平位置，双腿并拢，一条腿伸直，一条腿屈膝。躯干和双腿的夹角不得大于60°。屈腿膝关节夹角不大于60°。

② 完成要求

a. 起跳后，身体展示出屈体姿态。

b. 起跳后，双腿平行或高于水平位置。

c. 空中姿态，双腿并拢，一条腿伸直，一条腿屈膝。

d. 躯干和双腿的夹角不得大于60°。

e. 屈腿膝关节夹角不大于60°。

f. 落地必须缓冲。

③ 常见错误

a. 保持身体姿势的能力差。

b. 脚落地时没有控制。

c. 双脚未同时落地。

d. 两腿未夹紧。

e. 躯干和双腿的夹角大于60°。

（3）剪式变身跳类

① 动作说明

剪式变身跳类动作应展示极充分的爆发力、转体能力，剪式变身跳单脚起跳，前腿于水平面交换摆动，转体180°、360°，单脚或双脚落地，当用双脚落地时，两脚必须夹紧，落地必须缓冲。落地姿势的变化还包括劈叉或俯卧撑。以劈叉姿势落地时，手可触地。纵叉的前腿应膝关节向上，后腿膝关节向下。当以俯卧撑姿势落地时，手臂必须缓冲，身体从头至脚应是完美的直线姿态，并且脚和手必须同时落地。空中保持身体姿态

（单个或复合），除非已阐明，手臂姿势任选。

② 完成要求

a. 腾空高度较高。

b. 在空中时，起始腿必须到水平面，与地面平行。

c. 由躯干带动腿部转动。

d. 转体必须完整完成。

e. 落地必须缓冲。

③ 常见错误

a. 保持身体姿势的能力差。

b. 转体不完全。

c. 在做空中转体时，双脚未同时落地。

d. 脚落地时没有控制，没有缓冲。

四、平衡与柔韧类动作

此组动作包含的种类有转体、平衡、高踢腿、纵劈腿、横劈腿、依柳辛、开普。

1. 总体描述

（1）全部动作技术过程中身体处于标准姿态。

（2）身体位置清晰可辨。

（3）双腿必须伸直。

（4）全部动作的转体必须完整。

（5）所有动作过程中均必须展示完全劈叉 180°。

（6）转体过程中，脚后跟不允许接触地面。

（7）开普：由任意姿态或坐姿开始，一条腿弯曲，一条腿伸直，将伸直的腿踢至肩，同时抬起另一条腿并以单臂支撑，展示劈腿姿态。躯干成一直线，并低于垂直面。

2. 特殊描述

（1）静力性平衡类

① 动作说明

完成的主要标准是保持单足平衡姿势 2 秒钟。静力性平衡类动作包括前扳腿平衡、燕式平衡、前控腿平衡、侧扳腿平衡、侧平衡、侧控腿平衡。

② 完成要求

a. 必须保持至少 2 秒钟。

b. 抬起腿至少同肩高。

c. 燕式平衡必须水平。

③ 常见错误

a. 平衡脚不稳定（无控制）。

b. 未保持 2 秒钟。

c. 抬起腿高度低于 150°。

d. 抬起腿高度低于要求。

e. 不正确的身体姿态。

（3）柔韧类

① 动作说明

所有动作过程中均必须展示完全劈叉（180°），分腿坐肩转 360° 成俯撑和劈叉转体除外。腿必须伸直。柔韧类包括垂直劈叉、伊柳辛、无支撑垂直劈腿、无支撑伊柳辛、纵劈叉、纵劈叉滚动、横卧劈叉、横劈腿成俯卧、劈叉转体、分腿坐肩转 360° 成俯撑。

② 完成要求

a. 两腿间的角度必须是 180°，分腿坐转肩 360° 成俯撑和劈叉转体除外。

b. 所有的难度动作必须符合它所包括的各动作的基本要求。

c. 在完成纵叉滚动时，滚动必须完整。

d. 成劈腿转体、分腿坐肩转 360° 成俯撑、伊柳辛时，圆必须完整。

e. 成伊柳辛时，转体（360°）必须完全。

f. 全劈叉转体时，腿必须靠近脸部。

g. 成分腿坐肩转 360° 成俯撑时，腿在开始阶段必须靠近脸部。

h. 全部转体动作，支撑脚必须始终保持与地面接触。

i. 小于 90° 或多于 90°（但小于 180°）的不完整转体，难度动作将视为降组难度。

③ 常见错误

a. 劈叉姿势时屈腿。

b. 劈叉开度不够（小于 180°）。

c. 伊柳辛或分腿坐肩转 360° 成俯卧撑时，转体不完全。

d. 横卧劈叉时，臀部（骨盆）抬起。

e. 劈叉转体时，腿不能靠近脸部。

f. 劈叉转体、分腿坐肩转 360° 成俯卧撑、伊柳辛时，不能展示最大幅度的圆。

g. 在非国际赛事中，平衡未能保持 2 秒钟（D141，142，151，152）。

h. 没能力完成由垂地劈腿位置，举后腿转体360°（依柳辛）。

i. 转体时，脚跳动。

五、竞技健美操基本步伐

健美操规则不仅规定了难度动作的类型及种类，而且对七种基本步伐提出了特殊的要求。

1. 踏步：腿屈于体前，髋与膝保持弹动；踝关节动作清晰，足尖—滚动—足跟；动作整体感觉向上，不要下坠；上体以脊椎为中轴线，保持自然直立上体，表现出腰腹的力量控制，无附加动作：前后晃、左右摆。

【幅度】以额状轴为准，踝关节充分伸展，髋与膝弯曲30°～40°。

2. 后踢腿跑：上体保持正直，单腿屈膝向后。摆动腿的小腿最大幅度地向臀部屈曲；髋和膝在一条线上，脚面绷直表现出控制，落地缓冲时脚尖滚动至脚跟着地。

【幅度】以额状轴为准，髋弯曲0～10°，膝110°～130°，踝充分伸展幅度：以额状轴为准，髋弯曲0～10°，膝110°～130°，踝充分伸展。

3. 弹踢腿跳：起始动作为髋部伸展的后踢腿跑，膝踝后屈至臀部，然后向前下方踢腿。整个动作过程表现出很好的控制；摆动腿表现出股四头肌的动作制动。上体以脊椎为中轴线，保持自然直立。

【幅度】以额状轴为准，髋弯曲30°～40°，膝关节由充分屈至完全伸。

4. 吸腿跳：上体（头至臀）保持正直吸腿，摆动腿髋与膝最大限度地弯曲（膝关节最低90°），脚尖绷直；支撑腿伸直，髋与膝最大弯曲接近10°。正确的落地技术是从脚尖过渡到脚跟，高、低或超低冲击力。

【幅度】以额状轴为准，摆动腿髋与膝最小弯曲为90°。

5. 踢腿跳：屈髋做直腿高踢动作，踢起腿在髋部前或侧运动，踢起腿的高度不低于肩，脚面绷直；支撑腿伸直，髋与膝最大弯曲接近10°，上体以脊椎为中轴线，保持自然直立。

【幅度】以额状轴为准，髋关节弯曲150°～180°，膝关节在整个动作过程中充分伸展。

6. 开合跳：两脚向外跳开，落地时成开立，两脚分开距离大于肩宽，两脚尖向外分开，膝关节自然弯曲，髋关节自然向外展开。并腿时，足跟并拢脚尖向前或外开。整个过程上体保持自然直立，起跳落地控制有力，动作精确并且有控制地表现为踝与脚—脚尖—滚动—足跟的过程。

【**幅度**】以矢状轴为准，分开腿的距离接近肩宽加两脚宽，髋与膝自然外开 25°～45°。

7. 弓步跳：脚部由并拢或分开开始，跳起落地，髋关节不外展，一条腿向后蹬直，一条腿弯曲，前后成一直线，整个身体成一整体进行移动（侧向）。低冲击：身体微前倾（前腿负重），颈与足跟成一直线。高冲击：双脚前后交替跳动，犹如户外雪橇动作，重心位于两脚之间。

【**幅度**】前后距离接近 2～3 个脚长。（弓步变化 = 不同幅度）

现代教育理念下的健美操教学研究

　　健美操作为一种新的体育项目，正以冉冉升起之势吸引着广大民众关注的目光。因此近年来，广大高校正逐步加大对健美操的推广力度与教学研究力度。因为大学生承担着建设祖国的重任，是祖国经济建设高速发展的后备军，是祖国的希望，而要进行经济建设的前提是有一个强健的体魄和健康积极的思想，这样才能使得大学生时刻充满着激情和力量。在这样的时代背景下，我国有关教育部门及高校适时地做出调整，鼓励广大高校健美操教育者以新的时代背景为依托，通过科学的健美操教学，展现当代大学生的风采。

第一节　高校健美操教学的依据与规律

一、健美操教学的要素与特点

（一）健美操教学的系统要素

　　教学要素是构成教学系统既相互独立又相互联系的基本成分。健美操教学活动作为一个系统，包括的要素有学生、教师、教学目标、教学内容、教学方法、教学环境和教学反馈。

　　（1）学生。健美操教学活动是以学生为教学对象，是为学生组织的。

　　（2）教师。在健美操教学中，教师起主导作用，是教师指导学生进行学习。教师是教学系统中起关键性作用的要素。教师是实现健美操教学目标的具体操作者，是整个健美操教学活动的组织者和学生学习的引导者。

（3）教学目标。组织任何教学活动都是为了达到一定的目标，健美操教学也是如此，教学目标同样是健美操教学活动中的一个元素。

（4）教学内容。教学内容是教学的物质条件，是教学信息的载体，是教师所要教的、学生所要学的对象。如果没有特定的教学内容作为中介和对象，教师和学生就不可能相互发生联系和作用。

（5）教学方法。在教学中，为使学生有效地掌握健美操的理论知识、技术、技能，实现其教学目标，必须要依靠一系列的教学方法。

（6）教学环境。健美操教学活动必须在一定的时空条件下进行，这一特定的时空条件就是教学环境。这些条件包括物质的和精神的、可控制的和不可控制的，它主要指场馆教室的设备是否齐全、合理及整洁；师生之间、同学之间的人际关系；课堂气氛，等等。

（7）教学反馈。教学是在教师与学生之间进行信息传递的交互活动，这种信息交流的情况进行得如何，要靠反馈来表现。

（二）健美操教学的主要特点

第一，教学内容丰富，信息来源广泛，练习的可变性强。健美操教学内容既有徒手练习，也有手持轻器械及借助于固定器械的练习，其教学内容非常丰富。在健美操教学中，既有来自动作本身的大量信息，也有来自相关学科等方面的信息，教学中可接收的信息量大。

第二，在反复的练习中健康体魄，培养正确的姿态。健美操教学不仅使学生掌握健美操的专门知识、技能和技巧，而且借助于各种练习方法、锻炼原理、运动负荷达到健康体魄的目的。

第三，健美操教学中，运动负荷的合理安排有明显的健身功效。健美操教学中，身体练习的负荷主要采用中低强度，其运动强度在有效的健身强度以内，是一项有氧运动。有氧运动对于提高有机体的耐久力，以及对改善和提高心脑血管系统和呼吸系统的功能具有显著的效果。

第四，创造性的思维活动与实践活动紧密结合。启发学生的创造性思维是健美操教学的又一特点。健美操之所以有较强的生命力，源于其不断创新。在健美操教学实践中，教师一方面将基本动作和技术教给学生；另一方面，在反复的练习中，教师又需要引导学生不断建立新的神经联系，形成新的动作、新的组合、新的成套练习，使学生在反复的实践活动中掌握创编的原理及方法，学会创造性的思维方式。

第五，健美操教学具有相应的美育目标。在健美操教学中，除健美操自身的动作具有强烈的审美效果外，其发展身体、增进健康的特殊功效具有巨大的美学价值。

第六，音乐与健美操有机结合。音乐在健美操教学中起着相当重要的作用，将它们的巧妙结合运用到课堂教学中，通过其规律的变化和节奏节拍的运用，不仅能激励和鼓舞学生的情绪，提高健美操教学的质量，而且能对学生在运动后生理、心理的恢复起积极作用。

二、健美操教学的任务与要求

（一）健美操教学的主要任务

健美操教学任务是指在健美操教学中实现健美操教学目的所提出的不同层次的要求。

第一，向学生进行思想品德教育。培养学生勇敢顽强和富于创新的精神，培养团结合作和朝气蓬勃的体育道德作风；乐观向上，积极进取，发展个性；提高对健美操的认识，养成经常参加健美操锻炼的兴趣和习惯。

第二，掌握与运用知识、技术，发展技能。健美操教学是教师有计划地传授和学生循序掌握健美操知识、技术与技能，并能将这些知识加以运用。健美操教学，不仅要使学生掌握健美操的基本知识、基本技术和基本技能，而且要把与健美操相关的知识引入教学中，使学生学会发现，学会创造，学会运用。

第三，进行审美教育。审美教育，是指受教育者形成科学的审美观念，较强的审美感和创造美的能力的教育过程，应充分利用这一有利条件，培养学生正确的审美观念、健康的审美情趣和较强的审美能力。通过审美教育，不仅可以提高学生的审美修养，促进身心健康发展，而且能反过来使学生以审美的情趣和审美观念指导健美操的学习。

第四，培养能力。健美操教学同样制定了能力培养目标，即便把传授健美操的理论知识、运动技术、技能与发展学生的能力结合起来，使他们在学习中、锻炼中、竞争中发掘自己的潜能。健美操教学应着重培养的能力：①获取健美操知识与运用知识的能力；②健美操教学与指导能力；③健美操创新与创编能力；④制订健美操锻炼计划能力；⑤组织健美操竞赛的管理能力；⑥健美操科研能力；⑦自我评价和相互评价的能力；⑧制订健美操教学文件的能力。

（二）健美操教学的核心要求

健美操教学是教师按照教学计划的要求，向学生传授健美操的知识、技术、技能及发展他们的身体，并对其进行思想教育的过程。在教学中，除必须遵守各项体育教学原则和正确运用教法外，根据健美操项目的特点，还应做到以下要求：

第一，由于健美操动作类型丰富多样，教师在教学中必须根据学生具体情况（年龄、性别、素质、技术等），恰当合理地选择教材和教学方法，因材施教。教材内容一般由易到难；动作速度由慢到快，陆续学习单个动作，再进行组合练习；较复杂动作先分解教学，再完整练习。

第二，教师在教学中应重视自身变化和主导作用的发挥，这对学生获得健美操的直观感受有着重要作用。例如，教师饱满的精神面貌、整洁合体的运动服装、优美的动作示范、简练生动的要领讲解、准确清楚的拍节口令、及时的动作提示与错误纠正等，对激发学生的学习兴趣、促进其对健美操的喜爱及顺利完成教学任务等都起着重要的作用。

第三，教师应重视学生表现力的训练。表现力是通过面部表情和身体动作两方面表现来完成的，纯朴、自然、真实、富有激情的表现力，能给人以美的享受，会起到感染人、激励人的作用。

第四，教师应重视学生基本姿态的训练，正确的身体姿态是变现健美操"健、力、美"的关键。在健美操教学中，应严格训练身体各部位的基本姿态，使其符合健美操的要求。正确的动作姿态训练一般经过两个阶段。第一阶段，建立正确的动作姿态，使其形成动力定型。通过持之以恒地引用正确意念来控制动作的训练过程，形成正确的动力定型。例如，通过正确的脚背勾绷和上、下肢的屈伸等动作，建立正确的本体感觉。第二阶段，在通过健美操训练塑造健美形体的同时，还要美化充实心灵，要求训练时寓情感于动作姿态之中，使其具有感染力、训练内容可借鉴交际舞、拉丁舞、时装表演等生活中富有感情的动作。

第五，教师应重视学生身体素质的训练。良好的身体素质是顺利完成健美操各类动作技术的基础，在全面提高身体素质的同时，应着重健美操的专项素质训练，尤其是上、下肢和躯干的力量，肩、躯干、腿的柔韧性，弹跳力及动作的灵敏性等。

第六，在健美操教学中，在掌握若干个单个动作的基础上，应重视并及时进行组合动作的教学。健美操各类组合练习可以培养学生的协调性、韵律感、表现力，是巩固和提高所学各类动作技术的有效手段。

第七，教师应重视节奏感的训练。健美操是在音乐伴奏下进行的身体练习，节奏感好，可以保证动作的协调、省力、效果好。

三、健美操教学的规律

体育教学的规律是指体育过程内部各种教学现象所存在的本质的联系，这种联系决定着体育教学过程的必然表现和发展趋势。健美操教学是体育教学的重要组成部分之一，体育教学所要遵循的规律，同样是健美操教学所要遵循的规律。

（一）认识规律

健美操教学作为一种认识活动，是依照学生对周围世界认识的一般规律进行的，它是从不知到知，从知道得不确切、不完全到确切、较完整的过程。

健美操教学的认识规律具体体现在健美操教学过程中，以及感知教材，理解教材，巩固知识、技术、技能和加以运用等几个阶段。感知教材既是学生对所学知识建立正确表象的过程，也是诱发学生学习主动性，启发学生独立思考，发展学生思维能力的基础。学生在感知的基础上，经过思维形成概念，认识事物的本质特征，进一步理解教材。

（二）人体生理机能活动能力变化规律

人体生理机能活动能力变化规律是指在进行身体练习过程中，人体生理机能活动及工作能力变化的必然趋势。由于健美操教学实践性强，其过程是人的有机体直接参与活动，这个过程的安排必须遵循人体生理机能活动能力变化规律。

健美操教学的人体生理机能活动能力变化规律表现为人体在从安静状态到进行身体活动时，各个器官系统的机能总是逐步上升，这个阶段称为上升阶段；然后达到并在一定时间内保持较高水平，这个阶段称为稳定阶段；由于疲劳的产生，能力逐渐下降，经过休息调整，机能能力又逐渐恢复到相对安静水平，这个阶段称为下降和恢复阶段。工作力呈现一个"上升—稳定—下降"重复的规律。

（三）动作技能形成规律

动作技能形成规律是指动作技能形成的必然过程，动作技能是指按一定的技术要求完成的动作。动作技能形成的过程本质上是建立条件反射的过程，一般会出现三个阶段：粗略地掌握动作阶段（泛化阶段）、改进提高动作阶段（分化阶段）、动作运用自如阶段（巩固和自动化阶段）。这三个阶段是相对而言的，也是相互联系的。

在健美操教学中，由于学生的身体状况、体育基础、心理特点、教材性质及其他有关条件的不同，这几个阶段的特点和所需时间也必然不同，需要从实际出发，灵活运用。

粗略掌握动作阶段的特点：大脑皮层兴奋过程扩散，处于泛化阶段，内抑制较差，表现为动作费劲、紧张、不协调、缺乏控制力，常有错误及多余动作。通过采用慢动作及分解动作的方法，使学生正确地感知动作，建立正确的肌肉感觉，初步掌握动作。

改进提高动作阶段的特点：大脑皮层兴奋与抑制过程处于分化阶段，兴奋相对集中，内抑制逐步发展巩固，并初步建立动力定型，能较精确地分析与完成动作，逐步消除动作的紧张和多余动作，动作开始趋向准确、协调和轻快，但是不够熟练，还不能应用自如。通过确立动作的改进目标，采用正误对比及反复练习等方法，使学生加深理解动作各部分间的内在联系，进一步消除紧张、多余与错误动作；同时将看、想、练、听紧密结合起来，使动作更趋于连贯、协调和优美，进一步掌握动作细节，提高动作质量，初步形成动力定型。

动作巩固与运用自如阶段的特点：大脑皮层的兴奋过程高度集中，内抑制相当牢固，接通机制稳定，形成牢固的动力定型。表现为动作自如，既能在各种变化的条件下，准确、熟练、省力、轻轻地完成动作，又能灵活自如地运用。继续通过反复练习，尤其是应反复进行变换练习，使学生身体机能水平和运动机能不断提高；通过采用检查法、比赛法、评比等方法，使已形成的动力型进一步得到巩固，不断提高动作的自动化程度。

（四）人体机能适应性规律

人体机能适应性规律是指体育活动过程中，人体机能对运动负荷适应性变化的必然趋势。适应过程可分为工作阶段、相对恢复阶段、超量恢复阶段、复原阶段。在反复进行体育活动时，人体承受运动负荷的刺激，各组织器官机能随之发生剧烈变化，体内储备的能源不断被释放以供机体活动的需要，能量的消耗使机体能力逐渐下降，引起疲劳，这一时期称为工作阶段。经过休息和补充营养物质，体内能源物质和身体机能逐渐恢复到接近或达到工作前水平，形成机体的相对恢复阶段。

在经合理休息后，物质能量的储备和身体机能可恢复并超过原来的水平，从而提高了机体的工作能力，这就是超量恢复阶段。但如果一次健美操运动后与下次运动的间隔时间过长，超过超量恢复阶段的有效期，机体工作能力就会降低，恢复到工作前的原有水平，这时称之为复原阶段。在健美操教学和训练中，每次课应安排在上次课后的超量恢复阶段及已达到的机能水平基础上进行，使身体在原有水平上继续适应新的负荷刺激，不断提高身体机能水平。

第二节　高校健美操教学的原则与特点

一、健美操教学的基本原则

首先，教师要有正确的健美操课程教学观。因为优秀的大学生既是多种文化的传承者，又是知识的承载者。因此，作为课程的传授者——教师，在对高校学生开展健美操课程时教师需要做好充足的准备，不能存在马虎应付差事或者健美操也不是主修课，学习与不学习区别不大的错误思想。

其次，教师要帮助学生树立正确的健美操课程学习观。众所周知，人和人的思维、想法是完全不同的，每个人对于健美操的认识也是不一致的，所持的态度也是不一样的，我们主张以积极的态度对待健美操课程，将正确的健美操学习观念融入学习过程，因为错误的学习思想是无法保证健美操课程顺利进行下去的。因此，教师要帮助广大学子树立正确的学习观。

（一）教师主导作用与学生自觉性相结合原则

健美操的教学过程是教师与学生相结合的双边活动，师生双方的自觉性和积极性是决定教学效果的重要因素，缺少任何一方的自觉性和积极性，都不可能收到良好的教学效果，其中教师的积极性和主导作用的发挥更为重要。因此，教师主导下的学生发挥自觉积极性原则的实质在于发挥"教师教"与"学生学"两个方面的作用。教师与学生积极性的发挥既是独立的，又是相互依存、相互促进和相互影响的，但起主导作用的应是教师。

教师的主导作用是根据教育方针、学生特点以及组织教学过程的具体条件，充分发挥教师本人的积极性、创造性和业务能力，采用科学的教学方法，使学生尽快掌握所学的知识和技能。教师的主导作用不仅表现在对教学方案的执行上，而且表现在对教学过程的调节和控制上。学生自觉积极性的发挥在很大程度上取决于教师的指导、传授、调节和控制。

学生的自觉积极性是指学生在教师的启发教育下，明确学习目的，提高学习兴趣，在教学过程中主动认真地听取教师的指导，刻苦练习，积极思考，努力完成课上的任务，在课后自觉记写学习心得笔记、做好课外作业以及查阅有关文献资料等。传统教学论注重教师主导作用。现代教学论认为，调动学生学习自觉性和积极性，将会大大地提高教学效果，教师会受到学生的学习积极性和勤学苦练的影响进而备课仔细，教学水准也得到提升，使"教"与"学"相辅相成。

在教学中，教师充分发挥自己主导作用的同时，有几点需要注意：

（1）要有责任感和事业心。教师应该对本职工作认真负责，教学中的任何动作都要认真对待。教师的教态要严谨仔细，富有亲和力，教学思路要条理清晰，用渊博的学识去引导人、育人，要同学生阐述为什么要锻炼健美操、锻炼健美操有什么效果等，让学生感受到健美操的魅力，激发他们的主观能动性。

（2）精通业务，教学相长。教学目标与大纲都需要教师首先了解透彻，关于本专业前沿的研究成果和知识文章、国内外的前沿知识都需要融入教学中，才能使教学质量和效果得到提升，科学化系统化地发展教学。诲人不倦，"活到老，学到老"是教师应有的精神，通过不断获取新知识、新技术丰富自己，同时在教学中实践，进而保证教学的科学化与现代化。教师应对学生在学习实践的时候表现出的创新精神加以培养和激励，从中学习，也能使教学水平有所提升。

（3）尽可能详尽地了解学生的情况。学生的个人情况需要教师尽可能地去了解，这样除了可以使师生间的情感更为融洽外，还能使学生的思维与教师的思维保持一致，激励学生的主观能动性，对学生的学习能力和心理个性深入了解，并对这些特点加以利用，能高效地达成学习目标。

（4）重视教学方法的选择。学生的学习积极性会受到教学方法选择和运用的影响，学生学习的难点需要教师准确掌握，并有针对性地做教学策划，帮助学生快速克服困难，使学习目标得以顺利达成。这有助于教师提升威信，学生会更加自信和勇敢，使学生的主观能动性得到激发。

（5）发扬教学民主。教师不但要提问学生，还应引导学生回答与提问，鼓励学生互相交流，互帮互助地学习。不但能使学生的兴趣得到维护，还能锻炼学生的脑力，活跃思维，使学生有能力对问题加以理解和解决。

（6）学习的积极性和信心会因教师的评价而增强。学生的学习积极性和信心会因为教师正面的客观准确的评语进而受到积极的影响。在教学过程中，学生完成动作后，教师要主动进行公平客观的评价。若评价有失公允，则会产生负面的影响，影响学生对教师的信任，使教学指令很难下达。

（7）为人师表，以"美"为准则。教师本身就应该时时刻刻注重"美"，给学生做出好的仪表表范。例如，表演情绪要饱满，运动服装要干净简洁，谈吐要得体大方，动作要标准优雅，让学生能直观感受到健美操的魅力，使学生的学习兴趣得到提升。

（二）直观与思维相结合原则

需要不断学习新动作是健美操动作教学的显著特点之一。所以，在健美操教学中要直观与思维相辅相成，有机结合，结合人们对客观现象和事务的认知规律，所学的动作要领需要学生通过视觉、听觉、触觉和肌肉感觉来感知，所以学生规定的时间和空间里将所闻、所看、所感加以利用理解和不断地练习才能形成肌肉记忆，在脑海中建立起正确的动作模型。

在执行此原则时，有以下几点需要注意。

（1）最直观的教学手段是教师的示范。动作有力、大方、满怀朝气是健美操的动作要求，所谓"百闻不如一见"，所以教师应在教学中向学生做到正确、优雅、规范，极具表现力的动作示范，是学生接受美育打造最直接的途径，有助于学生对动作概念和要领的正确掌握，对于理解动作的意义有着重要的作用。除此之外，还可以利用多媒体技术弥补教师示范的短板，对学生进行细致的观察和严格的监督。

（2）教师优秀的讲解有助于学生加深对动作的认识。在教学中，教师的讲解越生动形象，学生的理解就会更加深刻。在教授动作要领时，除了需要学生用眼看，还需要学生用耳听，教师通过简洁明了的阐述和提醒，能使学生对动作理解得更加深刻。

（3）通过示范和解析能有效提升学生的认识。通过教师的示范和解析，学生能在脑海中建立基本的动作模型和感念，然后不断进行实践练习，让自己的身体感受掌握技术要领、肌肉感觉、动作幅度、音乐节奏等，进而建立起准确的动作模型。

（4）激发学生开拓思维。教师通过教学活动激发学生进行思考，锻炼其独自解决问题的能力，深度开发他们的想象力和创造力。在学习理论知识和技术技巧时，要做到不但知其然还要知其所以然，让学生在观察、听闻、训练、思考中成长，从感性认识升华为理性认识。教师通过引导学生分析对比动作，使学生对动作要领和各动作之间的衔接理解得更为透彻，要使学生能明确地区分正确与错误动作的区别，有助于学生掌握动作要领，进而做到融会贯通，闻一知十。

（三）循序渐进原则

展现科学系统的教学内容与方式以及练习量，客观反映了现代体育科学及技术和健美操科目的发展水平，即循序渐进原则。其以体育基础知识为中心思想，对"边缘科学"理论运用广泛，科学地安排健美操的授课内容及教学大纲，逐渐深入，逐步增加运动量，使学生的力量、身体素质和其他能力都能得到稳步提升。

执行此原则时，有以下几点需要注意。

（1）安排教材时，应由容易到困难，由简单到烦琐，先进行单个动作的教学，逐步学会全套动作后，最后将所有动作进行衔接，组合成套。在进行各类动作的练习安排时，应稳步提升，每当掌握一个动作后就要将其进行拓展、改变、难度升级。各种类之间的横向联系也需要考虑在内，为以后的学习打下夯实的基础，对教学内容和范围不断加深拓展，各动作之间的相互协作、衔接、动作的转移以及身体的转移等多个因素都需要考虑其中，才能确保教学大纲的系统科学和循序渐进性。

（2）通常情况下，教学步骤是由简单到烦琐、由容易到困难的，先在原地练习掌握后再进行移动，将单个动作掌握后加以组合成套，从缓慢的音乐逐渐升级正常速度的音乐、成为一个循序渐进的学习过程。

（3）在安排运动的负荷量时，应由多到少，将少中多结合起来，让学生先熟悉然后提升再熟悉再提升，有规律地螺旋式上升。要结合学生的身体素质、技术能力及接受程度等因素结合实际安排运动负荷量，切忌拔苗助长，适得其反。

（4）在整个教学过程中，能力培养这一课题要始终贯穿其中。在学习掌握动作要领的同时，学生的其他能力也应该得到发展。有计划地在各个学期安排培养学生的教学单个动作、成套操动作记写、成套操创编、竞赛的组织和评判、组织全科教学等诸多能力。

（四）身体全面发展原则

人的身体的所有部位与器官都是互相联系、互相牵制的关系。自然、和谐、健康、美丽是健美操运动的特点，全面增强了人的身体素质和外观。所以，学生身体的全面发展要在教学中得以体现，辅助学生对动作要领熟练掌握，达成教学目标。

在执行此原则时，有以下几点需要注意。

（1）以全面发展学生身体素质为目的制订教学计划，各类动作的搭配衔接均需注意。

（2）合理安排每节课程的教学内容，包括动作的性质、形式、负荷及素质等方面均需考虑其中，使得学生身体的各个部位都能得到有效的锻炼。

（3）在确定检验项目和内容时，也要使学生在考试中得到全身的锻炼。

（五）巩固和提高相结合原则

依据认识和运动技能的形成规律，提出了巩固与提高原则，对于学生进行学习和锻炼都十分重要。若知识和技巧能及时进行提升和巩固，对教学内容的感知和理解将会更为透彻，反之，在脑海中对于技术要领就会模糊，进而阻碍练习者的使用。巩固与提高相结合原则必须始终贯彻在健美操教学中。

学生只有不断巩固提升自己所学到的动作及其要领，才能逐渐深化完善，进而在脑海中形成正确的动作模型，在实际运用中操作自如。所以，必须合理计划和安排教学内容与课业练习，巩固提升动作要领，使之能达成最终的教学预期。

在贯彻以上规则时有以下几点需要注意。

（1）在课堂上给学生提供充足的锻炼机会，练习时注意动作要领的正确性。只有反复练习，才能在脑海中形成正确的动作模型。所以教师要简明扼要，珍惜一切时间进行精致细致的分析，进而使学生能够得到足够的练习时间。

（2）相同的动作或相同水平的动作不能长时间反复练习，否则会容易引起学生厌恶的负面情绪。在对已经熟练的动作技术进行复习时，应采用动作连贯的方式，将已经掌握的动作不断提升，操作自如，比如自行将已经掌握的动作重新组合，编排新形势的成套操，动作速度加快或者减慢，配乐及用力等方面的改变练习等。

（3）健美操的表现形式是组合操或者成套操，其质量和效果是用分数来评判的。因此，尽管动作已经掌握，但是还需精益求精，提升动作的幅度及表现力。为使学生在练习中能达到巩固和提升的目的，教师应引导学生自行排编成套操，可根据音乐的风格和类型，排编与之相应的成套操。

（4）保持身体的良好机能，使运动技术水平更上层楼，不断提升和巩固一般及专项身体素质的训练是其基础。

（5）提升和巩固学习技术动作是否已经掌握，可是用检测、评测、演艺与友谊赛等诸多形式。在教学过程中，教师向学生教授健美操理论、要领及动作，开展专项相关的诸多能力的教学项目，所采取的方式方法即是健美操教学方法。运用的教学方法越科学化，越能使健美操教学任务和教学效率能顺利完成，有所提升。

二、健美操教学特点

（一）教学内容丰富，信息来源广泛，练习的可变性强

健美操教学内容既包括健身性健美操，也包括竞技性健美操；既有徒手练习，也有手持轻器械及借助于固定器械的练习；既包括基本动作的教学，也包括难度动作的教学，其教学内容非常丰富。在健美操教学中，既有来自动作本身的大量信息，同时也有来自音乐、医学、营养学等方面的信息，教学中可接收的信息量大。此外，由于健美操是由单个动作组成，而构成和改变动作的要素是多种多样的，任何一个要素的添加和改变都会产生出一个新的动作、新的造型、新的组合、新的成套练习，都会使运动负荷发生新的变化。因此，练习的可变性强。

（二）在反复的练习中健康体魄，培养正确的姿态

健美操教学不仅使学生掌握健美操的专门知识、技能和技巧，而且借助于各种练习方法、锻炼原理、运动负荷达到健康体魄的目的。例如，采用中低强度、持续时间30分钟以上的有氧健美操练习，可以提高心肺功能，减少皮下脂肪，改善形体。此外，在健美操教学中，无论是教授单个动作、组合动作还是成套动作，强调的是对称、协调、平衡和规格（幅度、力度、韵律、肢体配合等），这些练习为保持和发展身体的正常状态、纠正不良姿态提供了有效的保证。

（三）健美操教学中运动负荷的安排有明显的健身功效

在健美操教学中，身体练习的负荷主要采用中低强度，其运动强度在有效的健身阈值以内，是一项有氧运动。有氧运动对于提高有机体的耐久力，改善和提高心血管系统和呼

吸系统的功能，具有显著的效果。

（四）创造性的思维活动与实践活动紧密结合

启发学生的创造性思维是健美操教学的又一特点。健美操之所以有较强的生命力，源于它的不断创新。在健美操教学实践中，教师一方面将基本动作和技术教给学生；另一方面，在反复的练习中，教师又需要引导学生不断建立新的神经联系，形成新的动作、新的组合、新的成套练习，使学生在反复的实践活动中掌握创编的原理及方法，学会创造性的思维方式。因此，健美操教学中创造性思维与实践活动有紧密联系。

（五）健美操教学具有相应的美育目标

在健美操教学中，除健美操自身的动作具有强烈的审美效果外，其发展身体、增进健康的特殊功效具有最大的美学价值。此外，健美操单个动作、组合动作和成套动作的合理设计，集体练习时动作与动作、动作与人、人与人之间的巧妙配合，音乐与动作的完美结合等，无不显示出美学特征。健美操教学不仅要强调这些特征，而且要充分利用这些特征达到美育教育的目标。

第三节　高校健美操教学的方法与手段

一、健美操教学方法

（一）健美操教学方法的作用

健美操教学方法是实现健美操教学任务或目标的方式、途径、手段的总称。健美操教学方法既包括教师教的方法，也包括学生学的方法，是多种多样的。就其来源来说，一方面是体育教学方法在健美操教学中的应用，另一方面来源于健美操实践，是健美操教学中所特有的。

健美操教学方法在实现健美操教学任务和目标中起着桥梁和中介作用，有传授知识、形成动作技能、指导实践、发展经验、培养能力、提高学习效率等作用，因此，教学中无论教师进行活动还是学生进行活动，都离不开一定的教学方法。

（二）健美操课常用的教学方法

健美操教学方法是多种多样的，每一种教学方法对完成教学任务都有它特殊的作用。采用哪种方法及如何运用，应根据教学任务、教学内容、学生特点及场地设备等具体情况来决定，这样才能充分发挥教学方法的作用，取得较好的效果。在健美操教学中，常用的教学方法有带领法、交替法、念动练习法、纠正错误法、变换法、衔接法、示范法、讲解法、提示法、完整法与分解法、重复法、变换法、比赛法等，下面选取其中的几种进行详细讲解。

1. 讲解法

教师向学生口头说明教学任务、动作名称、作用、要领、做法及要求等，以指导学生掌握基本知识、技术、技能、进行练习的方法，这是健美操教学中运用语言的一种最主要、最普遍的形式。

采用此教法时，应注意以下几点：

（1）讲解要有目的性。所讲的内容要围绕教学任务、内容、要求以及教学过程中学生存在的问题等情况有针对性地进行。

（2）讲解要正确。教师所讲的内容应是科学的、准确的，即言之有理，实事求是，并运用统一规范的专业术语。

（3）讲解要简洁易懂，简明扼要，通俗易懂，力求少而精，尽可能使用术语和口诀。

（4）注意讲解的时机和效果。健美操教学的讲解既可在示范后进行，也可边做边讲。讲解时要根据学生已有的知识经验来确定讲解内容的深度和广度，以便使学生更好地理解和掌握。

（5）讲解的顺序要合理。讲解的顺序一般先讲下肢动作，再讲上肢动作，最后讲躯干与头颈、手眼的配合。

（6）讲解要有启发性。在教学中力求用生动形象的语言引起学生的兴趣，启发学生的积极思维，使学生听、看、想、练有机地结合起来。

（7）讲解要有艺术性。讲解必须用普通话，口齿清晰，层次分明，表达生动形象，有趣味性和感染力，恰当的情感和声调会使语言产生巨大的艺术效果。

（8）讲解要有节奏和鼓舞性。讲解的语言节奏是指语言的声调、强弱应按特定的顺序和时间间隔交替进行，讲解的语言应有利于激发学生的练习积极性。

2. 示范法

教师以自身完成的动作作为教学的动作范例，用以指导学生进行练习的方法。此种方法可以使学生了解所要学习的动作的具体形象、结构、要领和方法。

采用此教法时，应注意以下几点。

（1）示范应是动作的典范。教师的示范要力求做得准确、熟练、轻松和优美，给学生留下深刻印象，使学生看完示范后就产生跃跃欲试的感觉。因此，教师要不断提高示范动作的质量。

（2）示范要有明确的目的。教师的示范要根据教学任务、步骤以及学生的水平来确定。例如，教授新教材时，为了使学生建立完整的动作概念，一般可先做一次完整的示范，然后结合教学要求，做重点示范、慢速和常速的示范。

（3）示范要有利于学生的观察。在进行示范时，要注意选择合适的示范面、示范速度以及学生观察示范的距离和角度。

（4）示范与讲解相结合。在健美操教学中，只有把示范与讲解紧密地结合起来，才能获得最佳的教学效果。

3．提示法

教师以提示的方式指导学生进行练习的一种方法。这种提示可以是语言的，也可以是非语言的。

语言提示：教师用简练的语言或口令提示学生所要完成的动作名称、时间数量、方向和质量的要求等。

采用此教法时，应注意以下几点。

（1）需用准确、恰当、简单的语言或口令来提示动作，并且要声音洪亮，发音准确，声调恰当。

（2）提示的语言或口令要配合音乐的节奏，教师可边数节拍边提示动作。

例如，提示身体姿势时，可喊"1、2、3、4，两、臂、伸、直"；提示动作方向时，可喊"向、左、3、4，向、右、7、8"；提示动作速度可喊"5、6、加、快"；要求连续练习时，可喊"5、6、再、做"。

（3）提示动作重复的次数和改变动作时，一般常采用倒数法进行提示，应有一定的提前量。例如，"4、3、2、V字步"；"4、3、2、向前走"等。

（4）教师应用良性和富有情感的语言进行提示，以对学生产生激励作用。

非语言提示：教师用肢体语言、面部表情、视线接触等提示学生完成动作的一种方法。

采用此教法时，应注意以下几点。

（1）利用肢体语言提示时，必须使学生明确肢体语言的含义。因此，最好预先向学生讲明课上所要采用的几种身体语言动作。

（2）在使用肢体语言时，可配合口头的提示。例如，手臂在做大幅度的向上伸展时，可配合"臂伸直"的口头提示，使所提示的内容变得更加明确。

（3）在用身体动作进行提示时，力求使动作做得准确规范，在必要时可将动作进行夸张。例如，"腿高抬""大步走"等。

（4）用手势提示时，应根据需要提前2拍或4拍做出，掌握好提示时机，并且要使每一位学生都能清楚地看到教师所做出的手势。教师做出的手势要相对固定，既可采用大家公认的手势动作，也可形成自己独特的手势风格。

（5）教师要善于运用面部表情和眼神的变化来激励学生。如微笑、眼神对视、点头等。

4. 带领法

由教师或者品学兼优的学生在前面带领所有同学进行锻炼即是带领法。此教法在传授新课、复习旧课、课前热身时常用。要实现练习的目的，教师队前带领较为容易的健美操动作，学生随之动作即可。难度较大的动作，学生通常无法做到连贯，容易忘记动作之间的衔接，此时，带领法给学生提示的作用就得以体现，教师应站在制高点背对学生进行师生双方的同时动作。此教法能使学生在较短的时间内建立正确的动作概念，掌握动作与动作的连接方法及音乐节奏感，在健美操教学中被普遍采用。

采用此教法时，应注意以下几点：

（1）根据动作需要正确选择带领的示范面。通常在身体有前后行进、转体变化及动作较复杂时，采用背面示范带领；结构较简单的动作一般选择镜面示范带领。身体有左右方向变化的动作，根据观察动作的需要选择镜面或背面示范带领。

（2）大部分时间都应采用镜面示范，以利于教师观察学生掌握动作的情况和便于与学生沟通。

（3）教师在领做动作时，可将背面及镜面示范结合起来运用，在转换示范面后，教师示范的方向，应跟学生的动作方向保持一致。

（4）在完成较复杂动作时，可慢速带领，待学生熟练掌握后，恢复正常速度带领；在完成上下肢配合动作时，可先反复领做步法，在此基础上将手臂动作添加到动作中，形成一个完整的动作。

（5）教师在带领学生练习时，除示范动作要做得一丝不苟外，还要与手势、口令、语言等提示方法紧密结合，使学生达到眼看、耳听、心想、体动的目的，从而达到最佳的教学效果。

5. 完整法与分解法

完整法指从动作的开始到结束，不分部分和段落，完整地进行教学的方法，此教法不破坏动作结构，不割裂动作各部分或动作之间的内在联系，可使学生建立完整的动作概念，迅速地掌握动作。分解法是把结构比较复杂的动作或组合按身体环节合理地分解成几个局部动作分别进行教学，最后达到全部掌握动作的方法。参加健美操运动的身体部位和关节非常多，复杂的结构，要求身体必须有较高的协调性，有些动作就需要先进行分解学习才能掌握，定出动作的难点要点，便于学生迅速掌握困难动作。

采用此教法时，应注意以下几点。

（1）学习结构比较简单的动作，采用完整法进行教学。

（2）学习较为复杂的动作，可采用慢速完整练习方法，即放慢动作的过程，在每个姿势中停几拍，以加强学生对动作的运动轨迹、动作各环节的变化有进一步的了解，提高学生正确完成动作的本体感觉，待学生建立了正确动作概念之后，再按正常速度进行完整练习。

（3）对于要求协调性较高的动作，往往按身体各部分预先把它分解成几个局部动作分别进行教学，待学生基本上掌握了分解动作之后，再进行完整动作的教学。例如，把健美操的动作分解成上肢动作、下肢动作、头部动作等。先分别进行练习，然后再上肢、下肢、头部等配合进行完整练习。

（4）运用分解法是为了完整地掌握动作，因此分解教学时间不宜过长。

6. 重复法

不改变动作的结构，按照动作要领进行反复练习的方法。健美操的教学，可重复单个动作，也可重复组合动作和成套动作。此教法既有利于学生在反复练习中掌握和巩固动作技术，又有利于指导和帮助学生改进动作技术，并对锻炼身体、发展体能等有较好的作用。

采用此教法时，应注意以下几点。

（1）要防止错误动作的重复。教学中，一旦发现有错误动作出现，教师应立即给予纠正，以防形成错误动作的动力定型。

（2）在动作初学阶段采用重复法时，应避免负荷过大及疲劳的过早出现，以免影响掌握动作及改进动作。

（3）练习时，要合理安排重复次数。所重复的次数既能保证学生在每一次的练习中都能达到动作的要求，不降低练习质量，又能适合学生的负荷能力。重复次数少，达不到锻炼效果，也不易掌握和巩固动作；重复次数太多，容易造成动作变形，也易使学生失去练习的兴趣。

7．衔接法

在成套健美操的传授过程中，学生能熟练掌握每节、每段动作之间的衔接即是衔接法。如20世纪80年代，"青年韵律操"共有十三大段，二十八小节组成在各高校盛行，通常情况下健美操共有13～30节。因为健美操的多节、多拍、多变化的特征，所以学生掌握全套动作是有困难的。在实际的教学情况中，学生经常会出现完成部分动作后，忘记下一环节的动作。这时，就需要使用衔接法来解决每节每段之间的衔接问题，使成套操得以连贯完成。衔接法有助于学生深化对成套动作的记忆的作用。

执行此教法时，有以下几点需要注意。

（1）熟练掌握单节操是连贯完成成套操的前提。进行每节操的教学时，学生必须首先明确正确的起始姿势，完成几个八拍后，还要反复练习，明确结束姿势。

（2）新课传授时，每当完成一节操时，都应将前面几节一起串联起来再进行一遍练习。如完成第二节后与第一节串联练习，完成第三节后与一二节进行串联，并反复练习。

（3）教师在刚开始教学的时候，必须采用带领法，逐渐过渡到肢体语言、指令、姿态等提醒学生辅助其完成动作，最终在音乐中完成连贯的部分或一套动作。

（4）衔接法涵盖每个动作、每一节、每一段以及动作与音乐之间的衔接。当学生的脑海里形成音乐与动作的基本概念关系时，还需要学生配合音乐和指令反复进行练习，直到逐渐能独立跟随音乐完成。可根据音乐节奏分节分段练习健美操，最后将其组合起来，达到预期的教学效果。

8．念动练习法

学生有意识地在脑海中重复播放动作形态，以提升练习效果的练习方法即是念动练习法。在脑中重复播放动作形态，能使机体的相应部位产生微弱的肌电作用，进而加深了动作记忆，动作熟练度也能有所提升，有助于学生构成正确的肌肉记忆。国外著名学者指出，在动作的准确性和协调性上，以及动作能力的改进方面，念动练习起到了不可或缺的积极作用。

在教学过程中，部分学生虽然没有拼尽全力去学习新动作或熟悉成套操，但是其依旧操纵自如。我们不难发现，这些学生在教师讲解示范以及其他学生练习时，注意力往往高度集中，有时甚至会不自觉地模仿，在其他人休息，吃饭时还在进行思考。学生进行念动练习时，肌肉会收到相应的神经肌动反馈，如此反复就能使动作记忆得到增强。

在执行此教法时，有以下几点需要注意。

（1）科研和实践均验证过念动练习法的有效性，但它不可替代身体练习，也不能成为练习的主要部分。在教学过程中，思考和动作要同时进行，才能迅速掌握动作要领，节省体能，提升教学效率。

（2）念动练习能有效使学生的脑海中形成简单的动作模型，使动作的熟练性得到提升，动作技能得到改善，其运动感觉和协调性都有所增益，在这一点上，其远远赶超了观察练习。

（3）运动负荷会因念动练习而有所减轻，尤其是身体暂时不能适应大量运动的学生，如大病初愈、身体不适等情况，其能有效地帮助这些同学在脑海中形成动作模型，深化动作记忆。总而言之，念动练习的优势在于其的抗干扰性，完全无视外界环境因素和自身身心因素，练习完全独立，减少阻碍动作的因素，是达到教学目标的重要方法。

总之，上述几种教学方法都有各自的特点和功能，但它们是彼此有机联系的。在健美操教学中，应根据课的任务需要，相辅相成地灵活运用各种方法，使每一种教法的运用都成为整个教学过程有机的一环。随着健身市场的不断完善和国内外交流的增加，针对健身房健美操教学特点，在原有的教学方法基础上，又总结了一系列的教学方法，在这里我们简要介绍几种健身房常用的方法。只要所采取的方法符合实际情况，同样可以取得殊途同归之效。

二、健美操教学手段

（一）健美操教学手段的作用

健美操教学手段是指健美操教学传递信息和情感的媒介物以及发展体能和运动技能的操作物。

健美操教学手段与教学方法既有联系，又有区别。它们都是为实现健美操教学目标服务的，但它们又有所不同。教学手段是指为了提高教学效果而采用的实物或设备。例如，在教授健美操难度动作"高锐角支撑"时，可采用图片上的标准动作向学生们讲解支撑时躯干与腿和手臂的相对位置，这种情况下图片就是直观法所采用的直观教具。又如，为了提高体能，采用重复法练习时，可在腿部系上沙袋，这样可以提高练习负荷，有助于提高体能，这种情况下沙袋就成为重复练习法所采用的器具。

健美操教学手段在健美操教学中所起的作用主要有以下几方面。

（1）沟通信息，调控教学过程。在教学中，师生往往通过视觉、听觉接收信息，而这些信息通过使用各种教学手段才能传出。例如，教师用一幅挂图张图表，可以向学生展示教学内容，学生观看后获得信息，就进行下一步学习了。

（2）提高信息的接收效果和教学质量。信息发出后，被对方接收并转化储存起来的数量，是决定信息效益的重要条件。信息被接收的条件，一方面是信息本身的可接受性；另一方面是接收者的状态，主要指动机、态度、情绪、兴趣、神经系统的兴奋性等。使用多种教学手段，对这两方面都能产生积极的影响。例如，在教授健美操成套动作中，采用电视、录像等教学手段，会对学生产生新异刺激，容易引起学生的兴趣，提高兴奋性，最大限度地增加信息的接收量，提高教学效果。

（3）有利于突出动作技术的重点和关键。例如，在学习较复杂的健美操技术动作时，可利用电视、录像，放慢速度多次重复动作技术的关键环节。通过多次的演示与强化，加速学生掌握技术的重点和关键。

（4）有利于进一步提高和改进动作。通过现代化教学手段显示的图像或通过对学生的动作进行录像，可以让学生进行对比、分析、发现问题，及时改进和提高。

（二）健美操教学中常用的教学手段

在健美操教学中，常用的教学手段有视听类和练习类两种。

视听类：图解、看课、电视、录像、磁带、光盘、计算机、多媒体等。

练习类：轻器械、固定器械、地板、场馆等。

（三）选择健美操教学手段应注意的问题

第一，要有助于提高教学质量。选用哪种教学手段，必须要明确目的，教学手段应有助于激发学生的学习动机，有助于检查学习效果。

第二，选择教学手段要从具体条件出发。从实际出发，既要考虑现有的场地、器材、设备等情况，又要因人而异，选择有效的教学手段，提高教学效果。

第三，要协调好人与操作物之间的关系。教学手段的选择要有利于师生双边活动的进行，因此，既要调整好师生之间的关系，又要发挥师生的积极主动性，协调好人与操作物之间的关系，使器材、设备、电化教学手段为人服务。

第四节　高教健美操教学的课程设置

一、健美操课程教学目标设立

时代不断在发展，高校健美操课程应运而生，它能有效提升学生的身体素质、心理健康等方面。以栽培健康身心的高素质综合型人才为目标的大学教育，能有效实施学生的身心健康方面的教育，所以，应顺应时代的发展来设立教学目标，与国际接轨，不断改善，当务之急就是结合新形势，设立新的教学目标。

如今，各高校的健美操运动依旧是传统的教学系统，主要通过使学生掌握基本的健美操理论、知识、技术及技能，强身健体，提升运动水平，培养坚韧不拔的精神，达成培养学生自觉自学、终身体育的目的。本书结合了河南省三所院校的健美操教学目标，指出目前高校健美操应该设定教学目标为：为实现终身体育的目标，以强身健体为前提，合理教学、科学传授学生独立锻炼的能力和自我评价的方法；充分挖掘学生潜力，培养创新创造的能力及意识等综合能力；栽培正确的消费观念；教书育人，育人往往比教书更为重要，要使学生拥有集体荣誉感，要形成优良的道德观念，以及胜不骄败不馁的体育精神。

总而言之，要通过健美操来使学生了解到为何要运动这一重要问题，运用科学的健身方法，培养正确的运动道德观和消费观，如何提升、改进、认识自我也是一大攻克难题，教师首先应注重学生的素质教育，让学生占据教学中的主导地位，与其进行互动，让学生完成主次转变；其次，需要让学生知道如何科学地健身，教师运用自身的人格魅力和博学内涵来感染学生，享受健美的乐趣，为自己的健康和未来打下夯实的身体基础，充分锻炼是其前提，让学生自觉参与，释放压力，强身健体，愉悦身心；最后，教师应以健身为中心，尊重学生的意见，民主教学。

二、健美操课程教学内容安排

在各校，往往是女生学习健美操运动较多。为了能使更多学生的运动愿望得以达成，健美操课程要始终贯彻终身、生活与娱乐，根据实用价值的不同进行设置。所以，教师应以有氧运动理论为基础，进行无损伤、简单易懂、逐渐递增式的提升学生身体素质的原则选择教学内容与音乐，锻炼学生的身体，身体协调性，音乐感觉，自我评价等能力。

（1）部分国外某高校的涉及范围。国外某高校的健身课程包含体育情感体验、医疗检查、营养学等诸多学科，实践课程包含力量素质训练、基本步伐练习、柔韧与伸展练习、有氧代谢舞蹈、水中舞蹈、踏板舞蹈、印度瑜伽、搏击操等学科，涉猎十分宽泛。以上内容都需要在四年的学制内完成，分主、选两类，以学分为准。而我国学院健美操课的理论课，则是以健美操理论、类别、作用为主；实践主要是有氧、形体、基本手位与步伐、踏板操、瑜伽等，仅在开始的两个学年进行，大学三年及四年则没有相应的课程。

（2）各院校的健美操课程包含有氧健身、基本步伐与手位、健美操类别、作用、创编原则、裁判评定等。我们不难发现，我国健美操比起国外大有缺憾，同省相比又各有所长，但理论课占比较大，实践内容较为单一。造成这样的情况，离不开天气、环境、时间、教师素质等诸多方面的外界因素限制。为了培养出符合 21 世纪标准的复合型人才，高校应该对健美操课程勇于改革，不断探索，升级完善，紧跟时代步伐。

（3）当今形势下，高校在安排健美操课程内容时，应包含其概念、类别、作用、健美操健身原理、基本步伐与手位、健美操创编、实践、练习效果、自我评价、运动医学基础、运动伤处理、营养学，生理学基础等。将竞技健美操基础加入其中，能大大提高课程的系统性和完整性。此外，国外有关部门给健康的意义是："在身体、心理和社会各方面都完美的状态才是健康。"所以，心理学也是学生应该学习的范围，体育保健知识的比重应该加大。有氧健美操课程应该始终保持多元化的状态发展，如拉丁、搏击、街舞等类型的健美操，能有效提升人的心肺耐受力；形体、气息、舒展、大众艺术等练习操课，能有效提升人的身体协调性，营造更为出众的气质，培养健康心态；力量、柔韧等专项素质训练，能有效提升人的肌肉耐力和力量，使身体更为柔韧。

（4）在安排教学内容时，高校应始终围绕"健康"这一主题安排健美操课程的理论实践内容，使学生身心和谐统一、健康向上；应合理地、全面地、系统地、多样地、循序渐进地统筹安排教学内容和负荷范围；应具备时代特征，跟大学的学习需求，时尚要求尽量契合。

三、健美操课程教学的组织形式

健美操教学的基本组织形式是课堂教学。它以年级班为单位按一定时间，根据教学计划、目标、大纲和教材，施行教与学的活动。

（一）课的结构

课的结构是指课的组成部分及其进行的顺序和时间的分配，它是课堂教学的内部组织形式。

健美操课的结构一般由三部分构成：准备、基本和结束三个部分（以90或100分钟的课为例）。

准备部分：教师要将准备部分地时间控制在15分钟以内，时间不要过短，这样学生对准备部分还不能充分地适应，也不应过长，以免影响正常的教学安排。准备部分的设计过程是一个系统，这一系统包括学生、教师、资源、教学方法、条件、情景、环境等多个要素。准备部分的设计内容就是要根据教育教学规律对这个教学系统中的各个要素做出合理的规划和安排，创设一个系统，并利用系统的科学方法解决健美操课程教学中出现的问题。

基本部分：这是教师开展教学过程中的主要部分，健美操的课程设计需要以现代教育理论、学习理论、教育技术等科学方法为依据，转变传统的教学设计观点，体现教育主体和学习主体的相互作用。基本部分教学是一种基本动作的传播活动，其教学过程是一种复杂的信息与动作的传播过程，基本部分的教学设计正是运用系统方法对与健美操信息传播过程进行规划的过程。从这个意义上看，基本部分的课程设计是一项现代教学技术。

结束部分：健美操课程教学结构还包括结束部分，因为做任何事情都要有始有终，教学工作同样也不例外，课程中的教学任务重要，结束部分同样不容忽视，一般来说，结束部分的设计一是依据课程标准（大纲），二是依据教科书（教材）。要根据学生的实际情况、教学环境、教师自身能力、社会科学技术的发展而变化，并考虑教育教学思想理念的变化等因素的影响。同时，又不完全依赖课程标准和教科书，充分发挥自己的主观能动性，在结束部分的教学中展示出自己的特色。

综上所述，我们可以得出这样的结论，那就是课的结构并不是一成不变的，也不具有固定的模式，教师可以根据实际情况，如学生对健美操的掌握程度、授课环境等及时地适时地调整，从中找到最适合的教学方法，这种教学方法一定是被学生广泛接受的，并且能够提高教学质量与教学效果的，因为，无论哪种课的结构，在开展课程教学设计时的目的均是相同的，那就是提高学习者获得知识的乐趣与兴趣。只要达到学生爱学习、教师容易开展教学任务，那就是最好的也是最适合的课的结构。

（二）授课形式

通过我们调研及观察发现，一般来说，授课形式分成下列三种：第一，班级全班上课；第二，小组教学；第三，个别指导。

1.全班上课

班内上课要求具有一定的有趣性。趣味是全班上课时课程设计艺术的体现。优秀的教师授课要与时俱进，密切联系发展了的情况，灵活、艺术地处理教学的内容，具有趣味性。有趣味才能调动学习者学习的积极性，使学习者学得轻松愉快，让学习者在"乐"中学，更要"乐"中得。比如，在为学生设计课程的时候，应当充分体现健美操是美与力量的结合，是当代青年风貌的体现，这样才能走进学生的世界，融入他们的生活。只有充分了解他们的内心世界，才能有的放矢，实现教学目标的最优化。我们经常采用的方式有幽默、情境和问题吸引幽默，会让学习者学得更轻松，会让知识的传授者更舒服；情境，会唤起学习者的共鸣；问题，能抓住学习者的注意力。所以，这三种方式是我们最常使用的，可以说是最基本的全班授课策略。当然，这三种方式并不是孤立使用的，多数情况下都是结合使用。

2．班内小组教学

我们都知道，教学模式并不是一成不变的，它需要教师在长期的教学实践过程中不断地摸索与总结，从而找到最适合本班级学生学习特点的教学方法，因此，除全班上课这种授课形式外，还有第二种授课模式，即班内小组教学。因为随着高校健美操教学课程改革的不断深入，高校健美操教学也面临着新的机遇与挑战。传统的健美操教学方法已经不再适应当前教学改革的要求。于是，高校健美操课程教师开始采用班内小组教学法。这种教学法作为有别于传统教学法的新方式，以互动为基础，激发学生参与课堂的积极性与自主性，在不断深化的探究学习中培养学生自主学习、独立思考的能力，最终高效地完成教学任务与目标。

3．班内个别教学

其特点是在全班上课的基础上主要面向班上能力较差或学习速度快的学生，也就是说，让学习能力较差的同学尽快提高学习能力，让学习速度快的同学能够提前掌握一些知识，起到带头作用。但是在针对学习能力差的同学进行个别教学时，要注意方式方法与语言，避免造成学生的自尊心受到伤害。

总而言之，要同时满足上述三种授课形式并非易事，在不同情况下，可能会同时开展或者穿插进行。因此，授课形式既需要预先设计，又需要适时设计，才会充满生命的气息，这样的授课形式才是富有生机的，这样的课堂才是真正的活的课堂。无论是预先设计还是适时设计，都需要健美操的传授者具有创新的勇气、深厚的知识储备和经验积累及熟练地使用不同授课形式的功底。作为新教师，更需要不断地在实践中摸索、总结。

（三）学习过程

我们都知道，任何一个科目都不是独立存在的，它既有固定的学习过程，又区别于其他科目；既有自己的特征，又不脱离它的本质。健美操的学习过程也不例外。我们将健美操的学习过程大致分为四个阶段。

1. 兴趣形成阶段

兴趣的形成有赖于知识的深度和广度，丰富的教材内容是激发学生学习兴趣的重要信息源。国外有关学者说过："教学艺术的本质不在于传授本领，而在于激励、唤醒、鼓舞。"在体育教学中教师在教学手段和教学方法上要力求创新，如利用幻灯、录像等多媒体电化教学手段，使学生产生兴趣。创造良好的体育文化环境，引导学生加深对健美操知识（概念、特点和健身价值等）的了解，从而引发学生求知的欲望和保持学生运动的兴趣。兴趣是最好的老师，是学习的初始动机，是激发学生创造性的直接动力。只有学生对教学内容感兴趣，才能自觉、主动积极地进行体育课程的学习，为其终身体育打下良好基础。

2. 学习掌握阶段

健美操是建立在良好技术动作基础上的运动，没有正确的技术动作，健美操就没有生命力。因此，我们离不开技术学习。学习的内容，应根据学生的水平而定。初级班以基本动作，基本技术，简单重复较多、速度较慢及以低冲击力动作为主；中级班在掌握基本技术和动规律基础上，可学习变化较多、音乐速度较快的组合动作，并以高低冲力混合动作为主；高级班可以学习变化较复杂、音乐速度较快，并带有一定难度的成套组合动作和高低冲击力混合或高冲击力动作为主。在对待过程时，要防止两个极端。一是过于注重技术及技术细节的学习；二是淡化技术学习，甚至无视技术学习。一切体育运动，都有一个技术问题，只是在学习过程中，应着重让学生知道怎样观察教师的示范，怎样根据动作的要求来判断自己及他人动作中存在的问题，只有学生学会了学习的方法，养成了自学的能力，才有利于学生今后的学习。

3. 创新合作阶段

首先是培养学生收集和处理信息的能力，知道创编健美操组合的步骤。在学习过程中，主要教会学生如何通过电视网络光盘等收集健美操方面的资料；其次是培养学生的创编能力。在学生已有少量动作储备的基础上，结合各组所收集到的动作资料，发挥集体的力量，以小组为单位进行健美操的创编，使学生实实在在地感觉到人际交流的自由感、运动技能提高的成功感。

4. 展示评价阶段

给学生提供一个自我展示的平台和机会，有利于发挥学生的特长、个性以及自我表现能力。培养学生对成套组合创编是否合理的评议能力。学生将会在评议的过程中，不断地把所懂得的理论知识用于实践，在实践中增加对理论的理解，同时，又会发现自己的不足，结合别人的意见，再进行修改、完善。在评价的方式上，除了教师的评价外，应重视自评和互评，方法应实行激励性评价，主要看学习态度、进步幅度和实践能力等。

学习健美操是一个循序渐进的过程，并不是一朝一夕就能完成的，也不是一蹴而就的。它需要在学生产生浓郁的兴趣后加上教师的优秀的教学模式，从而形成一个完整的学习过程。

（四）健美操教学中重点培养能力

健美操是一项具有广泛群众基础的运动，不仅因为健美操可以愉悦身心，使得开展这项运动时，每个人都能够得到美的享受，最重要的是健美操可以培养我们的多种能力，具体如图 5-1 所示。

1 · 获取健美操知识与运用知识的能力
2 · 健美操教学与训练的能力
3 · 健美操创新与创编的能力
4 · 制订健美操锻炼计划的能力
5 · 组织健美操竞赛与管理的能力
6 · 健美操科研的能力
7 · 自我评价和相互评价的能力

图 5-1　健美操培养的多种能力

四、健美操课程教学时间选择

如今，公共体育的基础教育就是高校健美操课程，由于只开设在大一、大二学年，以班级为单位授课，授课时间短，受环境因素影响大，对学生的体育教育很难照顾周全，大多数学生你考我学，对健美操运动了解片面，缺乏专业性，其学习积极性也十分匮乏。此外，相关调查指出，若固定健美操的锻炼时间，一周少于两次的练习频率，引不起最大摄氧量的变化；但一周维持着大于三次的练习频率时，会使最大摄氧量趋于升高并逐渐平坦。所以，一周内最好保证三到四次的锻炼。锻炼强度较小可在餐后 30 分钟进行；锻炼强度中等可在餐后 1 小时进行；锻炼强度较大可在餐后 2 小时进行。由此，我们得出锻炼最佳的时间段：

早：起床，用餐前；

上午：餐后 2 小时，午饭前；

下午：餐后 2 小时，晚饭前；

晚：餐后 2 小时，睡觉前。

所以，健美操选修课也应开设在大三、大四学年，使有运动欲望的同学有机会锻炼身体。与此同时，改革以往授课模式，安排上课时间的时候以科学规律为依据，让学生结合自身身体素质自主选择课期，至少一周一次，最好一周三到四次。

五、健美操课程测评指标与标准

如今，统观高校健美操的测试内容与标准，占比较大的是专项技术技能，占比较小的是理论、专项素质、身体基本素质，诸多学生提出测试内容刻板，单一，缺乏客观和科学性，理应因人而异。

所以，关于健美操课程的测评内容与标准，应结合教学目标与内容进行调整，做到公平、公正、公开，因学生的情况不同给予不同的调整，其中包含以下六个方面：

（1）健美操理论测试，占总成绩15%。结合自身情况，将所学知识运用起来，制定自我学期锻炼，并以论文的形式论证其执行概念和可行情况，总结个人整个学期的健美操锻炼状况。

（2）力量、柔韧、耐力等素质测试，占总成绩的30%。进行 1 分钟双臂提铃飞鸟、两千米跑、坐位体前屈等测试。

（3）健美操技术测评。对所学健美操套路进行技术评定，占总成绩25%。

（4）体质测评。进行大学生体质健康测试，依然进行进步幅度评价，占总成绩5%。

（5）课外练习。对学生的课外锻炼，以参加健身或培训的时数为标准，以学分制来考评，占总成绩10%。

（6）个体进步幅度评价。根据学生素质、技能、体质等在学期始末所取得的进步程度来评定，占总成绩15%。

高校的健美操教师要顺应时代的潮流，把握时代的脉搏，时刻关注健美操运动项目的发展趋势，不断调整健美操课程的学习内容和学习目标，使高校健美操的课程达到科学合理的标准。女大学生已经过了青春期的阶段，身体形态已经定型，但身体的机能发育还没有完全形成，其中蕴含着很大的潜力，女生们想要形体美、健康美，渴望拥有完美匀称的体形，追求气质、学识以及心理的内在美。健美操的学科开办，其特点和成果基本符合女大学生的相关需求，是女大学生体育锻炼最佳的选择。

第六章

现代教育理念下的健美操创编研究

健美操是一项综合性很强的运动。成套健美操动作都是相关人员通过辛苦努力创编出来的，本章分别对健身健美操和竞技健美操的创编进行深入研究与分析。

第一节　健身健美操的创编

一、健身健美操创编的方法

健美操创编对创编者提出了更高的要求，需要创编者具有一定的专业素养。这里的专业素养既指对健美操的掌握，也指创编者的跨学科知识掌握。创编者应在人类学、解剖学、美学、舞蹈、音乐、体育等方面有一定的研究和成就。特别要指出的是，创编者要具备一定的能力，审美能力较强，对美和艺术有着独到的理解和感受。由于人们的健身水平不一样，所以针对不同健身水平的学习者，需要使用不同的创编方法。

（一）针对初级练习者的创编方法

1．动作素材的整理和收集

创编健美操要有一定的依据，它是建立在现有动作上，对其进行加工和创造完成的。因此，在开始创编之前，创编者需要先做一些其他工作——收集与健美操有关的信息，并对其进行整理，这是完成健美操创编的关键。收集的信息主要是关于身体各个部位的健美操动作。可以使用观察的方法、记录的方法、实践的方法、视频记录的方法收集健美操动作。以下对这四种方法进行简要介绍。

（1）观察的方法

艺术来自生活。要想创编一套完美的健美操，创编者就必须留心观察生活，留心观察人们的日常行为，并将人们的日常行为巧妙地融入健美操中，对其进行提炼，进行加工。

（2）记录的方法

在收集健美操动作的过程中，健美操创编者多多少少会有一些遗忘。针对此种情况，创编者可以不受限制地以文字或图片的形式记录所收集的材料。这样，创编者就可以在以后的创编中整理所收集的资料，以形成一个新的健美操。

（3）实践的方法

在创编健美操的过程中，创编者关于健美操的个人实践很重要。创编者只有对健美操的动作有了亲身经历后，才能了解健美操动作的难度，并且在创编新的健美操动作时，才能吸收这些动作。这种方法比观察方法、记录方法、实践方法更加实用。

（4）视频记录的方法

随着科学技术的发展，文字和图片的表达必然会产生错误。健美操材料的采集逐渐涉及视频记录方法。视频记录方法可以更完整地保存采集到的资料，这有利于之后健美操的创编。

2. 健身性健美操创编元素的了解

在开始创编健美操之前，创编者需要做一些基础工作，那就是了解健美操的创编元素，在这里主要指的是音乐元素和动作元素。在健美操创编中，这两个元素有着极其重要的地位，不可忽视。

创编健美操需要考虑的第一个元素就是动作元素。健美操的动作也就是健美操中关于人的身体部位（如关节和四肢）的姿势以及状态。动作要素是创编者首先考虑的因素，因为只有安全、科学的健美操动作才有利于健美操学习者的学习，健美操练习者才容易获得成就感，这有利于学习者学习的连续性。安全和科学的运动，也有助于减轻从业人员身心的疲惫。根据人体部位的不同，健美操动作可以分为三大类：其一，上肢动作；其二，下肢动作；其三，躯干动作。上肢动作指的是手臂的一些运动和手臂的变化，而下肢动作指的是一些基础的步法。步法是健美操的关键部分，需要学习者完全掌握。关于健美操的基本动作，前文已经做了详细论述。

在创编健美操方面，音乐元素也发挥着重要作用。健美操动作的节奏与音乐节奏的关系十分密切，与音乐旋律的关系也是十分密切。可以说，音乐为健美操带来了新的活力，有音乐伴奏的健美操更有艺术感。因此，创编者要了解音乐知识，拥有音乐涵养。创编者需要知道一些歌曲的旋律和结构，以及音乐怎样紧密协调健美操的动作。根据不同的健美操类型，可以选用不同的音乐，使音乐的节奏完全符合健美操的节奏。

3．健身性健美操动作的创编方法

（1）创编健身性健美操上肢动作的方法

健身性健美操的上肢动作指的是手臂的一些动作和手臂的变化。以下简要介绍几种，如上肢动作幅度变化法、上肢动作节奏变化法、上肢动作插入法、上肢动作对称法、上肢动作递增法、上肢动作轨迹变化法和上肢动作改变排序法。

① 上肢动作幅度变化法

通过改变上肢动作的幅度或动作幅度的距离创编出新的健美操动作。

② 上肢动作节奏变化法

动作力度的强弱可以形成上肢动作的节奏，动作之间的间隔也可以形成上肢动作的节奏。创编者可以通过改变上肢动作的力度或者间隔，创编新的动作。

③ 上肢动作插入法

上肢动作插入法是基于原有动作增添新的上肢动作，使新的健美操动作形式各样。

④ 上肢动作对称法

上肢动作对称法是完成某一侧的某一动作之后，也要完成另一侧与之相同的动作。这样一来，就会使健美操动作看起来更加完整和协调。

⑤ 上肢动作递增法

上肢动作递增法指的是在上肢原来动作的基础上，慢慢地加入一些新动作。

⑥ 上肢动作轨迹变化法

在练习健美操的过程中，上肢运动时会经过一些固定的路径，即上肢运动轨迹。当编译器编译时，它们可以改变运动的轨迹，从而使健美操的动作多样化。

⑦ 上肢动作改变排序法

上肢动作改变排序法，是在原有动作的基础上，通过改变上肢动作的顺序来创编出新的上肢动作。

（2）健身性健美操躯干动作的创编方法

以下介绍的是创编健身性健美操躯干动作的几种方法。

① 躯干动作幅度变化法

健美操中的每个动作都有其自己的幅度。改变躯干运动幅度的方法是使健美操的躯干动作的幅度发生变化，以创造出一个新的躯干动作。

② 躯干动作方向变化法

躯干动作方向变化法，指的是通过改变健美操躯干动作的方向来创编新的健美操躯干动作。

③ 躯干动作节奏变化法

躯干动作节奏变化法，指的是通过改变健美操躯干动作的力度和时间间隔来创编新的健美操躯干动作。

（3）健身健美操下肢动作创编方法

以下介绍的是创编健身性健美操下肢动作的几种方法。

① 下肢动作路线变化法

下肢动作路线变化法，指的是通过改变下肢动作路线来创编新的健美操下肢动作。

② 下肢动作幅度变化法

下肢动作幅度是指下肢或部分下肢的运动距离。健身健美操动作中改变下肢动作幅度的方法是通过改变下肢动作幅度来创编新的下肢动作。

③ 下肢动作轨迹变化法

在健美操中，下肢动作具有一定的固定路线，这是运动的轨迹。下肢动作轨迹变化方法是通过改变动作的运动轨迹来创编新的下肢动作。

④ 下肢动作对称法

下肢运动对称法，指的是对一个或多个 8 拍下肢动作进行对称组合，以创编新的动作组合。

⑤ 下肢动作改变排序法

下肢动作改变顺序法，指的是使原有的动作顺序发生变化，以创编新的动作组合。

⑥ 下肢动作插入法

下肢动作插入法也是一种常用的创编动作方法，是在原有动作的基础上巧妙地插入新的下肢动作来创编新的动作组合。

⑦ 下肢动作节奏变化法

下肢动作节奏变化法，指的是通过改变动作的节奏，即改变动作的力度，或者改变动作之间的间隔，使动作的速度发生变化，以创造出新的健美操。

（4）头部、上肢、躯干、下肢动作协调配合创编方法

健美操动作协调性，是创编健美操需要考虑的重要部分。由于整套健美操不是身体某一部分的运动，而是整个身体的运动，所以在进行健美操运动时，需要整体合作，使健美操真正达到健身养性的效果。协调创编也要遵循一定的原则，即符合肌肉牵张原理法和保持重心合理位置法。

① 符合肌肉牵张原理法

人体的伸展运动符合肌肉牵张原理。因此，在创编健美操的过程中，健美操动作要符合相关的运动规律。

② 保持重心合理位置法

创编健美操的过程中，还应考虑安全性。安全是编制动作的首要原则。在健美操中，动作的不安全性通常反映在一些运动的重心不稳定和不平衡以及运动损伤中。因此，在创编健美操的过程中，创编者需要考虑动作之间的协调性，只有动作协调了，安全才有保障。

（5）集体项目创编方法

以下所示的是集体项目创编的两种方法。

① 协调配合法

健美操的动作有可能不是一个人来完成的，有很多是由不少于两个的练习者来完成的，所以这也是创编新的健美操的重要组成部分。针对这些健美操动作的创编，动作的密切配合以及练习者之间的交流是创编者需要考虑的内容。

② 队形变化法

影响集体健美操成功的因素有很多，最重要的就是整个团队的队形。队形对于创编至关重要，新的、合理的队形布局可以改善健美操的整体氛围，对完成动作有一定的帮助。在编排队形之前，要考虑的第一个因素是场地的大小、场地的形状等一些其他因素，以充分利用场地。因此，在创编动作的过程中，要注意动作模式的美感，注意整体效果。

（二）针对中、高级练习者的创编方法

针对中、高级练习者的健美操创编有不同的方法，以下简单介绍几种。

1．线性法

线性法指的是将新的健美操动作适当地加入原有动作中，这也是创编健美操常用的一个方法。采用线性法创编健美操时，要注意动作的协调性和一致性。

2．递进法

中级和高级的动作训练难度通常更大一些，因此，递进法也是创编健美操的一种方法。递进法是在基本动作的基础上增加一些难度动作，增加一些强度动作的方法。

3．动作创编技巧法

在创编健美操的过程中，要求将健美操独立的动作整合成一个协调统一的整体。整合过程中要注意动作之间的自然性、流畅性，以及整体的艺术性。以下是健美操动作连接的

几种方法。

（1）术语法

术语法指的是基于健美操的专门术语，通过改变动作的特点、改变动作的方向，以及在术语中选择适当的动作来创编健美操。

（2）修饰法

修饰法是创编健美操常用的一种方法，是使健美操原始动作发生变化的方法。用到修饰法的部位主要是头、手和脚。

（3）转换法

转换法指的是基于健美操的原始动作，转化健美操动作表面、位置、强度、方向、节奏、速度、振幅的一种方法。

4．移植法

移植法是创编健美操常用的并且是重要的一种方法。移植法指的是将另一项运动的一些动作和技术移植到健美操中。在发展健美操的过程中，吸收了如迪斯科和爵士舞等相关的动作，也包括许多其他的运动动作，这些都是健美操运动的基础。因此，对于健美操的创编者来说，不但要熟练掌握健美操的知识，而且要熟练掌握其他领域的知识。只有这样，在创编健美操期间才可以将这些知识和动作熟练而自由地融入健美操。

5．关联法

所谓的关联法，是指基于现有经验，对原有动作进行再加工、再创造。在创编健美操时，创编者根据现有的信息和经验知识创编新的动作。运用这种方法有一定的要求：创变者具有广阔的视野，平时认真观察各种形式的舞蹈、体操等运动，想象和连接不同项目的动作，从而形成新的健美操。

6．环境灵感法

环境灵感法指的是健美操的创编者在一定的环境内，通过观察人们在环境中的动作来创造灵感的方法。这种方法在使用上必须灵活，但在创造时要注意符合健美操的特点和原则，不能随意创编。

二、健身性健美操创编的指导思想与技术性原则

（一）健身性健美操创编的指导思想

健身性健美操的目的就是将人们的健康水平提高上去。在创编健身性健美操时，不仅要求将具体的操作把握好，而且要将总体的指导思想予以明确。

创编健身性健美操最主要的指导思想就是健身，所有的设计与动作都是以此展开的。

在创编健美操的过程中，身体的全面发展是必须要考虑的内容，这也是确保人类健康，特别是平衡发展的一个重要条件。

创编健身健美操的指导思想还包括娱乐性与艺术性，这是健身性健美操与其他运动项目不同的一个重要特征。在现如今的社会，人们在锻炼身体的时候，不仅要求获得生理上的健康，而且要有身心的愉悦。

（二）健身性健美操创编的技术性原则

1. 合理的成套结构

要想创编出更好的健身性健美操动作与套路，除了要具有正确的指导思想以外，还要在创编活动中遵循特定的规律与原则。其规则能够有效地保障动作与套路的科学性、时效性，同时也是能够达成目标的重要环节。

健美操的结构大致分为三个部分，即准备部分、基本部分和结束部分。

（1）准备部分

准备部分主要是为了使身体改变相对静止状态，热身关节与肌肉，加深呼吸，为接下来的运动做好准备。这不仅是为了避免运动损伤，而且也是为接下来的基本部分做好思想准备。这个部分的内容可以根据整套健美操的目的与结构而定，还要注意培养动作与呼吸协调之间的配合。

（2）基本部分

基本部分在整个锻炼过程中占据着主体。这个部分的主要练习有关节的活动、肌肉与耗能的练习等，形式主要有操化动作、垫上练习、步法、跑跳等。练习基本部分主要是为了加大运动负荷、消耗能量，从而达到减脂的目的，以进一步提高人体运动的基本素质，使得内脏器官得到有效锻炼。需要尤为注意的是，在创编肌肉练习动作的过程中，要进行交替练习与伸拉练习，避免肌肉变僵硬。

（3）结束部分

结束部分主要是一些放松和拉伸为主的动作，这样能够很好地放松身体，逐渐降低运动负荷，从而尽可能与锻炼前的状态保持一致。

在过渡每个部分的运动强度时，需要注意，不能忽然加大或减少强度，而是要注意合理设计连接动作，以达到逐渐变化运动强度的目的。

我国健美操的形式丰富多样。在学校体育中，较为常见的是 5 ~ 10 分钟的短小健美操套路练习。它们在结构上是相同的，都包括准备动作、基本动作、结束动作这三个基本部分。稍有区别的是在内容上，健美操更加注重关节练习。此外，健美操还有很多特殊功能与形式的练习，这些健美操主要是针对人们日常生活中的具体问题与具体对象而设计的。但无论各种健美操的形式存在何种差异，其在结构上的三个基础部分都是相同的。

2．鲜明的针对性

在创编健美操时，创编者应该了解练习对象的基本情况。因为每个人的情况是不相同的，所以要求也不会相同。首先最基本的是确认身体是否有严重的疾病，尤其要确认是否是不适合运动的疾病，如严重的心血管疾病、运动功能上的疾病与缺陷等。此外，还应该对身体素质（力量、速度、耐力、柔韧、灵敏）、运动经历、心理状态和周围环境等方面做整体考量。

3．动作有序性及流畅性

练习健美操的人们往往具有流动性强的特点，因为大多数练习者都是业余的，而教练员却经常使用连续不断的带领法练习健美操。所以，我们在对这种类型的健美操进行创编时，应该将动作进行有序的安排，使动作与动作之间形成一定的规律并连贯起来，这样锻炼者就能够快速地掌握动作。

为了使动作完成得连贯合理，创编者应该了解动作的基本类型。

第一，步法。步法是否流畅的关键在于运动中能否很好地把握身体的重心。步法的形式主要分为双脚同时运动、双脚依次运动、同脚多次运动。重心不同会产生不同形式步法的转换。

第二，手臂动作。手臂动作的运动形式与运动范围相对比较繁复，可分为对称运动、不对称运动、单手运动（单手依次、单手单边多次）、双手运动，运动形式有伸、举、摆、绕、振等。一般人在运动时，更容易接受的是对称运动，而且上下之间与左右之间在胸前停留一下也会被人们更容易接受。因此，我们要在运动的过程中有规律、有目的地运用这些形式。

当完成整套操的编排之后，形成一定的规律，可以使锻炼者尽快地掌握动作，以加强锻炼的实效性。

4．运动负荷的合理性

为了避免超过运动负荷，十分有必要创编一套操来进行适时调控。健身性健美操的运动负荷不需要太大，只要控制在中小强度的范围内即可，这样是为了确保运动中的呼吸供氧。为了真正有效地达到最佳锻炼效果，应该把负荷控制在能达到最佳效果的范围之内。国外有关学者将心率作为衡量运动负荷的一种方法。他把同年龄组运动最高心率和实际运动心率做了对比，把运动强度分为了 3 个区间。

他认为："当运动者的平均心率达到此运动者最高心率的 60% ~ 80% 时为健身区，此时心率越高对身体的影响越大，锻炼的效果越明显。高于 80% 为强化训练区，这表明不但运动强度大，且影响身体更剧烈。当低于 60%，为消遣区，只起到一般性活动的作用。"

通常，运动负荷会受到以下因素的影响，如动作速度、重复次数、动作幅度、肌肉用力时间等。相同的时间内，动作速度越快，重复次数越多，幅度越大，肌肉用力越大，运动负荷就越强，反之则越弱。

在设计健美操运动负荷时，要注意负荷应该逐渐上升与下降，并使之呈现波浪式曲线上升与下降，总体上呈正向曲线。在一套健美操中，可以出现 1 ~ 3 次高峰值，而每次出现峰值时，它的强度也应该是不相同的，要呈现出递增或递减的趋势。锻炼时间越长，出现高峰值的可能性越大，相反则越小。通常，国际流行俱乐部将锻炼时间控制在 45 ~ 60 分钟，我国某些俱乐部的锻炼时间则为 60 ~ 90 分钟，学校体育教育中常用的健美操每套 5 ~ 10 分钟。

5. 注重艺术性和创新性

健美操融合了集体操、舞蹈、音乐等项目特点为一体，是一个综合性很强的体育锻炼项目，它有着极其强烈的娱乐性与表现力，所以在创编过程中要针对性地吸收舞蹈与其他运动项目的动作。

现代健美操始于 20 世纪 60 年代末 70 年代初，迪斯科舞蹈也在此时盛行并风靡全球。由于健美操是最早把迪斯科与体操动作融为一体的运动，并且在其中加入了有氧运动的锻炼原则，因此赢得了大众的钟爱。它之所以很快被人们接受，正是因为它独有的娱乐性与健身的实效性。后来，健美操对很多的舞蹈动作进行了吸收和改变，从而形成了风格、形式各异的健美操，健美操的锻炼者也从中受益并感受到无穷的乐趣。健美操的包容性很强，它能够很快地吸收新的舞种和新的动作。只要是对人们身体有益的都可以吸收到健美操中，这和健身市场与人们的需要分不开，也是健美操持续发展的根本动力。

在运用其他项目的动作素材时，要注意把握以下几个方面。

第一，在一套健美操中，要尽可能地统一舞蹈或运动项目的动作风格，这样创作出来的健美操，其风格更加独特鲜明。舞蹈作为一种艺术形式，与时代、文化等有着密切的联系。不同时期有不同的且具有代表性的文化特征。我们在对舞蹈素材进行选取时，要充分考虑接受对象的文化背景。只有被大众广泛接受，才能使健美操发挥出最佳效果与影响力。而且在运动过程中，一定要经过"吸收—消化—改变"的过程。借鉴其他运动项目也是如此。

第二，采用舞蹈或其他运动项目动作时要相应地结合健美操的特点。任何健美操的动作，在借鉴其他形式与舞蹈的动作之前都要经过慎重的考虑，然后再决定是否进行改造使用。健美操的特点之一是它节奏的强烈、奔放与热情，同时还需要有一定的节奏及频率，因为它要保持一定的律动性和韵律性。所以，我们在选择动作时要注意把握这些特点，避免使用易对人体造成损伤以及和人体自然形体与运动规律相违背的动作。

第三，要将音乐风格与动作风格进行有机统一。一个舞种一般都有与之风格相对应的音乐，因为只有这样人们才能真正地接受和谐、完整的文化熏陶，从而达到身心的完美统一。

三、健身健美操的选择与设计

（一）徒手健身健美操动作的选择与设计

1．人体的基本姿势是健身健美操动作的设计基础

人体的基本姿势主要有头颈部姿势、手部姿势、臂部姿势、腿部姿势和躯干姿势。人体各部位的基本姿势会对健美姿势造成影响，还会不同程度地影响运动效果。

保持正确的姿势可以促进人体骨骼和肌肉更好地生长发育，并且对人体器官的活动也有着十分重要的影响。因此，了解和掌握人体的正确姿势有利于健美操的设计和教学计划。所以，健美操应该以增进健康、培养正确姿势、塑造优美身体的目的和任务以及自身的特点为基础进行再创造，从而成为一种具有健美操特点的运动。

2．健美操中的舞蹈动作必须经过再创造的过程

健美操所采用的舞蹈动作主要是有利于健身的舞蹈动作或外在形式，不可以单纯地把舞蹈理解成健美操。健美操的动作、姿势、舞蹈姿势和体形是健美操中可以为身体服务的部分。它必须设计或再现为一种有利于健身的有氧运动，具有明显的节奏性、对称性、体育锻炼和舞蹈特点。

在现代健美操发展的过程中，出现了一种叫健身舞的运动。这种运动舞蹈和体操进行了有效结合。现在有很多具有舞蹈特色的健美操经常与芭蕾舞、现代舞、古典民间舞、霹雳舞、爵士舞等舞种进行结合。

3．正确认识和善于运用影响动作效果的诸多因素

健身健美操和其他运动有着共同的特点，都是具有空间、时间和速度的运动。

（1）空间特征

空间特征指的是运动的路径、方向、距离和幅度。

① 改变运动路径会增加运动的难度，因此需要培养练习者的协调性。运动有两种行动路线，即直线和曲线。

② 改变运动方向可以对身体某些部位的肌肉有选择性地进行锻炼。有六个基本的运动方向，即向前、向后、向上、向下、向左、向右，并且基本方向之间的中间方向为侧上、侧下、前上、前下。

③ 运动幅度的变化对运动负荷的大小造成影响。动作范围大会导致运动负荷增大，对人体的影响也会随之增大。不同振幅对运动负荷调节的影响也不相同。

（2）时间和速度的特征

时间和速度的特征指的是运动的速度、节奏、频率等。

① 运动速度的变化会对运动负荷的大小和肌肉负荷的大小造成影响。健身健美操的运动速度和音乐速度相较竞技健美操而言应该慢一些。

② 运动节奏的变化会使得强弱运动周期性地进行均匀交替。身体放轻松，合理地进行运动，会很大程度上提高运动的效果；而心律失常会导致呼吸系统紊乱和运动紊乱。因此，运动节奏是健美操运动中非常重要的特征。

③ 运动频率的变化会对肌肉的工作强度进行调节。健身健美操一般采用的频率是两拍一动或一拍一动，个人动作多采用一拍二动。一次跳动的次数越多肌肉的负荷也会越大。

所以，在选择和设计健美操动作的过程中，应该对这些影响动作效果的因素进行正确地认识和运用。这会对我们掌握运动规律的变化起到很重要的作用，从而调整运动负荷，改变肌肉力量，改变运动难度，使健美操运动更加多样化。

4．要精心挑选一些舞蹈和相关体育项目的各种动作素材

健美操的动作设计需要搜集和运用不同种类的动作素材。目前我国所流行的健美操，在动作的选择和设计上大多数都是借鉴了迪斯科、爵士舞等现代舞中的舞蹈形式，而且健美操创建者还广泛采用了艺术体操、基本体操、武术、瑜伽等运动项目的动作形式。

5．紧紧把握住按健美操的特点去选择和设计健身健美操动作

健美操动作设计和选择的一个重要方面是，必须根据健美操的特点进行设计和选择。这里所指的健美操的主要特点是：根据人体解剖部位的先后顺序、人体力量、柔韧性等素质的要求，均衡地设计动作。将人体的顺序、对称性和整体发展作为衡量有氧运动设计的重要标准。无论是跳舞、气功、武术还是瑜伽，它们都应该服务于健美操的设计，而不是纯粹地移植动作或复制运动。

总之，在健美操中选择和设计徒手动作需要慎重地考虑。不管是一个动作还是一节动作都要经过认真考虑，使其与人体解剖学和人体艺术造型的规律相符合，这样会有利于身心健康，给人以健康美丽的享受。

（二）持轻器械或专门器械的健身健美操动作的选择与设计

徒手健美操动作是各种持轻器械或在专门器械上做的各种健美操动作。

轻器械健美操常用的器械有实心球、体操棍、哑铃、毛巾、纱巾等。专门器械有椅子、垫子、健身器材等。选择与设计器械健美操动作时，要以徒手健美操为基础，然后在创编健美操过程中充分运用器械所具有的形状、重量、运动方式等特点。器械健美操丰富了健美操动作的形式，会比较容易引起练习者的兴趣，从而使得健美操锻炼能够更加有效地进行。

四、健身性健美操创编过程

（一）健身性健美操创编前的准备

1. 明确创编的目的及任务

（1）明确创编的目的

由于参加健美操的人各自需求不同，目的也各不相同，所以不同年龄、职业、体育活动的人在参加健美操时会有不同的观点。有人认为，健美操能够让身体充满活力，可以增强人们的体质；有人认为，健美操能够使人们的身体保持良好的体形和气质；有人认为，健美操具有减肥和完美塑身的效果；有人认为，健美操能够缓解疲劳，保持活力；有人认为，健美操能使身体保持健康状态；还有人学习健美操的目的是参加比赛和表演。所以，在创编健美操动作时，一定要将人们的不同需要放在首位，然后再根据不同的需要创作出不同的动作、结构和内容。

（2）明确创编的任务

由于每个人参加健美操的目的不同，因此，创建健美操的主要任务就要按照人们不同的需要和健身目的，有目标地进行健身。健美操的主要目的就是通过配合、协调和运行练习者不同的运动动作，达到良好的视觉和听觉效果，从而使人产生精神冲击。

2. 熟悉掌握参与者的基本信息

需要了解参与者的基本信息有四个：年龄、性别、身体素质状况和场地设备。

（1）年龄

由于不同年龄阶段的人，其运动器官和内脏器官的生理机能情况是不相同的，承受运动负荷的能力也不相同，因此，创编健美操动作时要考虑到参与者的年龄特征，然后把握不同年龄阶段人的不同特点，加入符合年龄特征的动作进行创编。

（2）性别

由于男性和女性在身体素质、性格、气质方面有着明显的差异，因此，在编排男性健美操动作时要突出男性的健壮体魄、刚劲有力的特点，尤其是在动作的力度和幅度上，要多体现出跳跃和行走的动作。而在创编女性健美操时，则要有突出女性刚柔并济、充满激情的动作和造型，在编排时，要加入较多能够展现出女性身材匀称、动作优美、协调性好的动作。

（3）身体素质状况

锻炼的效果受身体素质好坏的影响。身体素质主要指的是人体为适应运动所需要存储的身体能力要素，主要包括了力量、耐力、敏捷性和柔韧质素。由于不同年龄、性别的人群，其身体素质有所差异，因此，在创编健美操之前首先要对参与者整体的身体素质有所了解，然后挑选出适合参与者完成的动作。

（4）场地设备

场地设备是参与者进行健美操活动时的重要环节，它为参与者的正常活动提供了条件。在场地选择上，一般选择有木质地板或地毯的场所。因为这样可以更好地缓冲压力，减少地面带给各关节的反作用力，有效保护关节，而且可以完成一些在普通地板上不能完成的动作。如果地面比较坚硬，则应该减少一些地面动作和跳跃动作，要对参与者的安全负责，从而保证练习能够顺利进行。

（二）健身性健美操成套动作创编程序

1. 健身性健美操的总体构思

一般概念主要是在明确掌握了创作活动的目的和参与者的基本情况后，有目的、有针对性地对整个创作形成的初步概念。总体构思首先是设计出整个行动的框架，然后就如何在框架下协调行动的内容做出考虑。总体构思的主要内容包括：动作的整体风格、基本内容、音乐的节奏和速度、成套动作的时间、运动量和运动强度、难易程度。

（1）整体风格

整体风格指的是参与者根据音乐节奏的变化，并伴随着音乐节奏将整套健美操的内在情感特征表现出来。

这一整体特征是参与者展示给观众的动作，不同的动作其特点也各不相同。有的动作灵活多变，具有很强的模仿性，展现出活泼可爱的特点；有的动作舒缓有力，展现出健康的特点；有的动作由于速度的变换和路线方向的改变，展现了良好的视觉冲击。通过简单易学的动作进行体育锻炼，能够取得很好的效果。因此，在整体构思上，我们首先要给一套健美操选择一个合适的定位，考虑其所要展现的整体风格以及会给观众和实践者带来的印象。毫无疑问，参与者需要通过具体行动来反映整体风格。在确定健身健美操动作的整体风格时，要充分了解参与者的年龄、性别、身体素质和整体性格特征，创造有针对性、现实性的健美操风格，避免盲目追求整体风格而忽视参与者。

（2）动作的基本内容

动作的基本内容是由一套健身健美操的整体风格决定的。动作的基本内容必须充分体现创造性健美操的整体风格。但无论什么样的行动，我们都应该追求新颖、美丽和大方。同时，我们应遵循体育活动的顺序原则，即健美操的运动应从关节面肌肉群活动向大关节肌肉群活动过渡，从部分身体活动向全身活动过渡，从站立运动向移位的行走、跑步和跳跃运动过渡。

（3）成套动作的时间及难易程度

整套健身性健美操动作的时间取决于创造性运动的性质。如果是竞技健美操，则要根据具体的比赛规则来决定；如果是表演健美操，一般将时间控制在 2～5 分钟；如果节目有具体的时间要求，则根据具体要求进行调整；如果是用于课堂或工作中的健美操，则时间大概在 10 分钟。

运动的难度取决于参与者的年龄、身体素质和运动水平。创造者在测试练习者能力高低时可以通过健美操的一些基本步骤和简单易行的力量训练来就练习者的柔韧性、灵活性、协调性和力量等进行考评。根据参与者的表现，要综合考虑行动的难度，尽量发挥长处，避免弱点，选择一些能够充分发挥其整体优势的行动作为主要内容，突出气质和特点，更好地表现出参与者的风度和水平。

（4）音乐构思

在对整个动作进行构思之后，还应该考虑如何选择合适的音乐。可以根据音乐的整体风格来选择，也可以等到完全安排好动作之后，根据动作的特点来选择合适的音乐。然而，无论选择哪种方式，所选的音乐都必须满足呈现、对比和表达创作者思想和情感体验的需要。音乐的长度、高度、速度和强度取决于参与者的年龄和性别。音乐应与行动融为一体，它能激发参与者的运动热情和欲望，调动参与者的积极性，并使其在完成行动的过程中体验成功和幸福感。

2．健身性健美操动作素材的深度挖掘

在完成整体框架和相匹配的音乐构思后，就要以此为基础充分挖掘动作素材。挖掘动作素材的要求很简单，即要求创编者既可以通过文字性描述、图示或视频获得所需要的素材，也可以与专家学者进行交流，学习优秀创编者的经验，获取素材的同时从中获得灵感。要注意的是，在挖掘素材的过程中，要注意对创编的目的及人物进行综合考虑，这样创编出来的健美操才能具有较强的针对性，才能获得参与者的喜爱。

（1）基础动作

基础动作指的是在做健美操时，上肢和下肢简单配合所完成的动作，是创编健美操时需要首先构思的动作。其包括能够对身体各个部位起到锻炼作用的动作，有头部、身体、上肢、下肢等。

（2）过渡连接动作

它主要连接两个主体动作或两个动作组合，使整套动作之间能够协调配合，顺利完成，在整套动作的运用中发挥着基础作用。要想把握过渡连接动作，就要做到善于观察、创新、操练，将创新加入大量的操练中去，从而创编出优美的过渡连接动作。

（3）队形的安排

队形的安排主要指在创编动作时对整套队形变化进行构思。健美操的队形变化要求简单、自然、方便操作。常用的队形主要有直线、平行线、三角形、方形、菱形、十字形及丁字形。创编者可以根据这些队形进行创编，也可以在使用这些队形的过程中，发掘出更加有创意性的队形，从而使得动作更富于变化，以及有更强的美观性和创造性。

3.分段进行组合，连接成套动作

（1）分段

无论是编舞、表演还是健美操，都要根据动作的内容来对段落进行划分。其中，动作的内容主要有三个部分，即开始、主体和结束。开始部分和结束部分所占比例较少，而主体动作部分所占比例则相对较多，因为主体部分包含了基本动作和出色动作。主体的主要任务是展示各部分的节奏、动作内容和特点，安排各部分的情感表达，以及如何反映人的内心感受。

（2）分段组合

分段组合是指创编者根据收集到的动作素材，按照排列原则创建动作。每个组合分成了各自相应的部分。在编排组合时，我们必须保持动作之间的联系、协调和转换。编舞组合后，先将它们放在主体或结束部分，然后根据它们的动作特点记录组合所在的具体位置。

①开始部分

健美操的开始部分应该简单、易学、富有规律性，这样才能够使人的身体得以充分协调。在开始阶段，设计一些有助于缓解人们情绪的音乐和强烈时代感的行动，对于实践者来说是非常重要的。因为这样很容易让他们感到快乐，从而激发他们对学习和实践的兴趣。行动的选择应首先注重训练从业人员正确的姿势和行动规范。其次，根据从业人员的年龄、性别、职业特点的不同，选择适合他们的行为进行实践。这样我们才能激发每个练习者的内在体验和热情，从而对健美操产生浓厚兴趣，增加锻炼的次数。

表演或竞技健美操开始部分的设计非常重要。创作者要设计一个富有创意的开场，才能加深练习者的印象，从而整套健美操就可以成功地吸引观众的注意力，取得很好的效果。

②主体部分

主体作为健美操的核心部分，创造者应在其中突出锻炼的目的。首先，要有一定的力量和强度；其次，要使练习者的肌肉、骨骼和关节对称、协调地发展；最后，要促进练习者的血液循环，加强练习者的新陈代谢，达到既能锻炼身体又能增强呼吸系统的目的。因此，要有针对性地加强身体各部位的锻炼。但在排练时，要循序渐进地进行，从头到脚，从局部到整体，从简单到困难，依次进行。运动量也应严格控制，从小到大，从多到少。

相对于竞技或表演健美操来说，主体部分的设计应突出动作幅度大、动作多、节奏快的特点。大多数动作得以顺利完成的前提是人体多个部位的紧密配合，并且在动作过程中应该有明显的高潮。高潮动作以范围广、速度快、节奏强的动作吸引着观众的注意力。一般来说，在整套健美操中可以有一个或两个高潮。如果想设计一个高潮动作，最好是安排下半身的主体。如果想设计两个高潮动作，则最好在主体的开始和结束部分各安排一个。同时，在高潮前的动作，也要为之后的高潮起到铺垫和衬托作用。而在高潮动作结束时，应立即调整音乐节奏，以缩小人们的动作幅度，便于结束动作的完成。

③结束部分

最后一部分也是整套体操的结束部分，这个部分的设计主要是放松。因此，这个部分的运动要求简单、缓慢，因为它能使练习者的身体和心率恢复到正常的状态。

相对于健美操的表现和比赛而言，最后一部分与通常的运动原理是相同的。它需要减慢运动速度，减少运动范围，减少身体活动的范围和位置。唯一的区别是人们需要保持一个静态的形状。静态造型不是什么也不做，而是把过渡动作连接到主体的末端，使健美操看起来连接更加顺畅，突出主体，有始有终。

（3）连接成套

连接成套主要是指开始部分、主要部分和结束部分的连接。在开始阶段，参与者应该试着跳跃，然后根据运动的要求删减不合理的部分。考试难度应根据从业人员的需要进行调整，根据练习者的表现，改变动作的强度，从而满足动作的要求。

4．健身性健美操音乐的选择与实践

（1）音乐的选择

音乐在健美操的应用中发挥着很重要的作用，是整个健美操的核心和灵魂。此外，音乐的演奏有助于激发实践者的兴趣，激发他们表达自我的愿望。同时，它也是一套创造性练习中必不可少的一部分。音乐在健美操中发挥着非常重要的作用，主要表现在以下几个方面：一是在不断变化的音乐节奏中，练习者能获得强烈的冲击感，保持愉快的心情，达到陶冶情操、锻炼身体的目的；二是优美的旋律能使练习者与动作更好地联系起来，刺激练习者对动作的想象；三是随着音乐的感觉，练习者的动作可以更加优美，进而反映出练习者的内心感受，有利于吸引观众的注意。

音乐富有联想的功能。在听音乐的过程中，人们会受到节奏的重要性、节奏的强度和旋律的变化的影响，无意识地做出某些动作或思考与之相关的事情。因此，它能够激发创作者创造动作，激发中枢神经系统，从而为创造出更好、更完美的健美操提供灵感。正是因为音乐在健美操中的重要作用，所以好的音乐对作曲家和实践者都有好处，因此选择与动作风格一致的音乐尤为重要。音乐的节奏应活泼，达到自然运动的效果。

① 依据动作选配音乐

对于健身性的健美操音乐来说，速度一般为：慢速为 16 ~ 18 拍 /10 秒，中速为 20 ~ 22 拍 /10 秒，快速为 24 ~ 26 拍 /10 秒。速度可以根据年龄和身体素质进行适当的调整。搜集的音乐其旋律要优美动听，节奏明显，动感强，情调要积极健康。乐曲的风格、基调、节奏、速度要求与成套动作保持一致。将搜集好的乐曲反复听，并分析音乐的结构、每段的情绪，分析是否与成套动作的幅度、活动范围和动作的性质相一致，如果基本一致，则选定该乐曲。如果是部分一致，则将该乐曲作为音乐剪接的素材。

② 根据动作制作音乐

将选取的音乐素材按照动作的顺序进行剪接。对于音乐的剪接，可以将同一首乐曲多次重复进行剪接，也可以抽取两首或者多首乐曲的适宜部分进行剪接。同时，剪接后的乐曲还必须要保证其节奏、旋律自然规范，不能出现生硬的换曲情况，在多首乐曲的混剪中要尤为注意这一点。另外，在一些特殊动作中加入音乐效果，不仅能够提高动作的表现力，而且可以给人特别的艺术享受。

（2）进行实践

在利用制作好的音乐进行练习时，一定要注意音乐与动作的匹配度，音乐的节奏和速度需要针对乐曲进行重新调整。此外，还要留心感受音乐所营造出的氛围是否能配合动作传达出所应该传达的情绪。

5．健身性健美操的完善与加工

为了使整套动作能够实现预期目标，所以要反复进行练习。要站在整体的角度观察成套动作路线、音乐搭配、场地运用是否安排得合理得当；从动作的面向、角度和方向来看动作的幅度、美感是否得以尽情表达；从队形的变化来看观众是否达到了最佳观看效果；从整套动作的流程来判断高潮是否自然过渡，是否与音乐中的高潮相匹配。针对以上这些方面，发现问题要及时予以改正。

6．健身性健美操的记录

在动作基本成型后，还要对整套动作进行再次熟悉、雕琢和改进。为了提高整套动作的专业性，可以聘请专家指导整套动作，从而完成最终的编排。在完成整组动作的编排后，需要对整组动作进行既有图片又有文字的记录，记录要简明扼要，还可以制成视频。

成套动作的记录方法如下：

（1）文字记录

文字主要用于记录两个方面的内容：一是总结整套练习的总体结构和框架，准确地说明高潮部分和整体动作的特点；二是描述上肢、下肢、头部等的运动和细节，记录好整套运动的路线和方向，并记录注意事项。

（2）简图记录

简图是利用画图的方式，简洁、生动地将动作记录下来。它的优点是能够突出每个动作的技术特征。在画简图时，必须表现出动作的大小、位置和特点，并用特殊的符号标出动作的方向、路线和与动作工具的关系。

（3）视频记录

由于视频是会被作为历史资料保存的，所以会对参与者提出一些要求。例如，整套动作要连贯自然、服装颜色要统一、背景安排得当、画面清晰美观。在有条件的情况下，还可以邀请专业的摄像师为其录制。

第二节　竞技健美操的创编

一、竞技性健美操创编的方法

（一）基本组合法

在竞技健美操的创编中，基本组合法是指遵循其基本的编排方法和原则，通过组合和重组，把独立动作进行串联，然后创造出新的技术动作或一套组合动作。在编排整套竞技健美操时，有两种动作组合方式：一种是用不同的风格演绎出相同的动作；另一种是重新组织和安排不同类型的动作，如图 6-1。

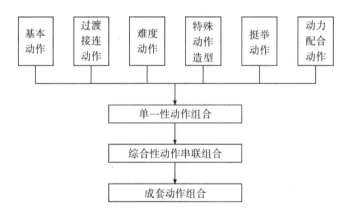

图 6-1　动作的基本组合法

（二）视频分析法

在创编竞技健美操时，如果遇到了瓶颈期，可以采取观看并分析比赛视频的方式获得灵感。但在观看录像的过程中，需要注意以下几点。

1．整套动作结构

这里主要是融合比赛套路中的音乐与动作，包括音乐与动作在段落、情绪、高潮等部分是否做到了相互衬托和有机结合。

2．难度动作的分配

在成套动作中，一定会出现一些有难度的动作，但这些难度动作不是一起出现的，而是在比赛套路中按照一定的分配规律分散出现的。因此，观看视频时要注意排列的规律。可以从三个方面分别进行观察：一是难度分值的分配；二是难度动作在组别划分中的选择；三是在成套动作中难度动作的分布位置。

3．基本操动作的连接

在观看竞技健美操的视频时，还应该注意观察基本操动作在比赛套路中的连接，即前一动作的结束是否意味着后一动作的开始，并且要注意在视频中是如何做到自然衔接的。

4．成套动作中的过渡、连接

在健美操比赛中，人们通常会对有创意的动作过渡与连接印象深刻，富有创意的动作过渡与连接会对整套动作的主题表现起到烘托作用。因此，在观看视频时，一定要注意观察在竞技体操中是如何选择过渡与连接动作的，使自己能够从中获得提示、启发，今后借鉴运用到自己的创作编排中。

5．托举与配合的创意

在竞技性健美操中，成套动作构思及音乐主题展现的关键就是托举与配合的创意，主要表现在动作之间的过渡、连接的特点，动作对音乐主题的体现等方面。所以在观看录像时，一定要仔细观察富有创意的托举与配合动作，从而获得动作编排的启发。

（三）发散思维法

创造性思维来源于对传统思维的突破。如果想让行动安排有新的想法，我们必须从多个角度和层次来思考，要从逆向思维、横向思维和发散思维的辐射和转移模式中寻找新的思路。多向思维的形成是需要平时对其进行培养的。我们应该从整体上把握问题，探索各种思维方式，以便在一种方式受阻的情况下，能够及时地改变思维方式。

（四）创新联想法

创造性思维的本质是利用联想发现被认为不相关的事物之间所隐藏的关系。因此，在创造性思维中，从对一个事物的思维发散到其他相关联事物的过程中，联想思维发挥着引导和铺垫的作用。联想思维的运用受两个因素的制约：一是个人知识和经验的积累，知识和经验越丰富，联想越广、越深，提出别人意料之外的观点就越容易；二是启发性思维，即人的目标、事物的规律或本质、意识或问题的即时解决方案。所谓的捕捉灵感的能力，就是捕捉和处理瞬间的灵感并将其转化为创新想法的能力。灵感思维具有突发性和瞬间性的特点，这是人们经过强烈而深入的思考和探索后形成的。由于灵感具有短暂的特点，我们必须及时记录灵感的内容。

（五）三维动画辅助法

三维动画辅助方法主要是指利用计算机技术，协助教练尽快完成高质量、创新性、难度大的创作工作。它能有效地反馈、修改和改进创造性动作，减少在尝试创造性动作过程中对运动员的伤害，并能尽快地完成动作，为运动员的训练赢得更多的时间。

在三维动画辅助竞技健美动作的编制中，通过运用计算机虚拟技术构建运动员模型，然后测试、分析、评价、反馈、修改和确认运动员的预期动作，最大限度地减少编制过程中的人为因素，大大提高了创编的效率和素质。这种新的创编方法为今后的创编提供了一种新的思路。

二、竞技性健美操创编的指导思想

规则是竞技比赛中的法规，是每一位参赛者必须要遵守的。规则是衡量动作编排及完成情况的标尺，它对成套动作的艺术、完成、难度等各个方面的好坏与高低做出了有效判断。同时其也充当着指南针的角色，为创编者与参赛者指明了方向。

竞技健美操作为一项竞技体育运动，最终所要达到的目的就是通过比赛判断出优劣，运动员则是通过比赛检验自己平时训练的水平，并在比赛中取得理想的成绩。因此，合理地创编动作对提高竞技能力有着十分重要的作用。

三、创编竞技健美操的原则

竞技健美操是根据规则精神，尽可能地将运动员全面的身体素质、精湛的技术技巧、新颖的动作连接与独特的表演才能等展示出来的竞技艺术，是一项具有极高艺术欣赏价值的竞技运动。健美操中所蕴含的艺术价值和难度价值以及完成动作的质量都会对比赛的成败起着决定性作用。动作的创编在整个健美操比赛中是最基础的部分，也是取得成功的必要前提，因此，首先要掌握以下几个创编原则。

（一）针对性原则

目前我国竞技健美操比赛的种类多种多样，有全国性的大型锦标赛，也有地方性小型邀请赛，规则也各不相同。针对这种情况，要有针对性地对健美操的动作进行创编。

1. 比赛的规则要求

创编所遵循的法定依据是比赛中的各种规则要求，特别是对项目时间、动作难度、难度系数、违例动作等方面所做的规定，在创编过程中一定要极力地避免。

2.项目特点

竞技健美操比赛中最常见的类别有：单人（男、女）、混合双人、三人（混合或非混合）、混合五人等。然而在不同的项目类别中，项目特点也是不相同的。单人项目即个人项目，在创编的过程中要合理规划整个动作套路的运动方向和线路，以便可以充分利用场地，但核心始终还是要集中在动作语汇的丰富程度和难度动作的难度系数上；在混合双人健美操的创编中，更加注重的是两人动作的协调性和契合性；而三人项目中，首要考虑的是队形的变化，并且在创编动作时要注意三人之间的换位要自然流畅，合理巧妙地组合动作；混合五人项目相对来说创编的难度比较大，一方面是由于它人数多、时间长，另一方面是对队形变换的丰富度、动作的规整性、配合的协调性都有了更高的要求。所以，在混合五人的竞技健美操比赛中，创编动作时不能一味追求局部效果，而是要更加注重追求整体的艺术效果。

3.运动员特点

竞技健美操作为个性化的比赛项目，在创编时必须针对运动员量身制作，这样才能最大化地发挥运动员的优势，展现出运动员与众不同的风貌。

（二）创新性原则

一般来说，竞技和表演是创造竞技健美操的主要目的。在激烈的竞争中，为了取得成功，就要求健美操的创作新颖独特。创新始终推动着人类社会的发展，也贯穿在竞技健美操中。因此，健美操的创作必须遵循创新的原则，立足实际，通过对国内外竞技健美操的现状和趋势做深入了解，总结和继承竞技健美操的本质，从而探索和选择出创新的突破口。竞技健美操的创新中，动作创新是基础，此外，还可以在队形、连接以及音乐等方面进行创新。

1.造型、一般动作上的创新

造型会给人留下很关键的第一印象，所以造型的作用是极其重要的。丰富多样的艺术和创新造型可以成功吸引人们的注意力。然而造型的成功只是一个缓冲，我们还应该注意整套运动中的创新因素。例如，健美操的动作可以从健美操、体操、舞蹈以及武术等动作中吸收和借鉴，然后将这些动作与优美的体形、力量和运动价值进行加工融合，创造出具有健美操风格的独有动作。

2.难度动作上的创新

在竞赛规则中，对动作的难度规格虽然有明确的要求，但对于创作者仍有一定的发挥空间。教练应该大胆地进行创新，并且要在规定的难度动作中增加难度，提高竞技健美操的技术水平。当然，创新也不能一味地追求难度，而是应该秉持以人为本的原则，避免做出有损运动员的动作。此外，动作难度不是单纯地指单个动作的难度，而应该表现在整套动作的布局中。例如，大量运动过后做俯卧撑比在开始时完成运动更困难。因此，在编制时必须考虑难度的价值。

（三）全面性原则

竞技健美操是健美操的一种形式，它的基本目的是促进运动员身体的全面发展。但在综合性原则上，两者却有所不同。它不是设计人体各部位自上而下的运动，而是追求人体在力量、柔韧性、灵敏性和耐力上的全面发展。竞技健美操的创编，一方面是对力量、弹跳、柔韧等难度动作的创编；另一方面应该增加一些支撑、劈叉、平衡等对控制力、柔韧性发展有利的动作，设计出对称的动作，符合健美操的动作特点，有效促进身体的平衡发展。

（四）艺术性原则

艺术美感是竞技健美操作为体育竞赛项目所具有的特征之一。在竞赛评判中对艺术性的要求，使得在创编健美操之初就必须重视艺术性原则。

1．在成套动作结构设计中的艺术性

艺术性体现在竞技健美操的整体结构以及合理布局上。竞技健美操虽然时间短，但也需要将其设计分为几段进行，段落之间要注意动静、快慢、强弱、疏密等的变化与对比。此外，不能将难度动作聚集在一处，要分开合理布局。而对于高潮的设置，一套操往往包含 3 ~ 4 个高潮部分，最大的高潮放在操的后半部分。只有很好地设计这些细节，才能更好地将整套动作张弛有度的美感表达出来。

2．选配音乐方面的艺术性

在选取配乐方面，优美悦耳的旋律、鲜明强劲的节奏是健身健美操的基本要求，而对于音乐的艺术性则主要要求与健美操的风格相一致。健美操的风格是由竞赛项目、运动员的特点来决定的，所以，个性化的音乐与竞技健美操更加匹配。受竞技健美操动作强度的影响，健身健美操在音乐的选择上节奏要稍微快一些。另外，音乐伴奏不能一成不变，而是应该随着操的难易层次的变化进行转化，这样才能在结构上使两者相互配合，起到推波助澜的效果。

3．在队形设计方面的艺术性

在创编竞技健美操多人集体项目时，队形变换要体现出艺术性，表现形式上要多样化，动作上要做到巧妙、自然，运动员之间要注重彼此相互配合。也就是说，队形要体现出动作美，同时动作也要映衬出队形美。此外，竞技健美操动作设计的艺术性还体现在以下三个方面：一是竞技健美操可以吸收借鉴舞蹈等的动作语汇，并加以提炼改造，形成具有锻炼价值、美观大方的独特健美操动作；二是拒绝"大杂烩"，有效使用"艺术营养"，在同一套操中，动作风格要一贯、统一，不可以将各种艺术风格相互混杂；三是单个动作与单个动作之间的连接要做到过渡自然、巧妙衔接，这也是竞技健美操艺术性的重要影响因素。

四、竞技性健美操的创编步骤

（一）创编前准备

（1）明确竞赛项目，学习、理解竞赛相关的规则程序，明确比赛中需要遵守的规则和竞赛的评分标准。

（2）通过翻阅书籍和视频资料，整体把握目前竞技健美体操的发展。

（3）透彻研究竞赛项目的项目特点和比赛要求。

（4）与运动员深入交流接触，并对其个性特点、身体素质、竞技水平等进行了解、评价。

（二）规划设计方案

1．确定健美操的风格

通过对运动员和项目特点的了解，适当定位健美操的风格。决定风格时，应该考虑三个主要因素：一是运动员的类型，分为力量型、活泼型和伸展型；二是音乐的特色，要将爵士乐、摇滚、轻音乐和中国古典音乐的特点贯穿整个过程；三是舞蹈材料可以借鉴蒙古族舞蹈、武术等。

2．选取动作素材

身体各部分所能形成的基本运动是运动材料的基本来源。在这些基本运动的基础上，通过改变形式、类型和组合，形成新的运动。

3．总体结构设计与音乐选择

对竞技健美操总体结构的设计有两种方法。最常见的方法是将整个健美操分割成若干部分，并结合自己对健美操的想象和现实。像歌剧和舞蹈一样，开头的部分包括舞台的景色和形状，中间的主要部分是添加一整套有特殊要求的内容。这些特殊要求和一系列困难的动作从时间和难度上进一步细分。首先，从编者的主要思想和实践出发，对这套健美操的起落顺序进行分析，从冷静到高潮，再到平静和完善，结束部分包括造型和退场；其次，根据内容和实际需要来安排表演队形（3个人或5个人），以及健美操的舞台行走路线、根据各部分的内容确定各部分的大致节拍；最后，我们需要考虑整个健美操的风格以及每个动作的长度和速度，以便选择和编辑适当的音乐。另一种方法是根据健美操动作的风格确定音乐，然后根据音乐的结构、节奏、高度和波动确定健美操的整体结构。综上所述，健美操的整体结构设计与音乐的选择与搭配有很大的关系，两者相互关联、相互制约、相互补充，最终达到最美的效果。

（三）分段编排

根据对动作的总体布局和设计基础的把握，我们将整组动作分为不同的部分，通常是两个8拍的动作组。动作的创造，必须遵循竞技健美操的原则，对开始与结束部分要重点编排，然后再充实主体。在创编过程中，可以对动作和形式做出一些改变，然后通过练习和修改，逐步修改整套动作。由于这个过程比较繁复，所以在工作中为了避免重复，应随时保存记录。

（四）实践与改进

通过一段又一段的编排，基本完成了整套动作的创编，随后练习整套动作，在实践中发现不足并及时改进。应该注意运动风格的统一、运动与音乐的有机结合、高潮的合理安排、运动的形式美、过渡连接的流畅性和自然性等。

（五）编写文字说明并绘制简图

这主要是为以后的教学、研究、交流、出版等提供长期有效的资料。

第七章

现代教育理念下的健美操创新发展

第一节　高校健美操运动教学的创新发展

一、高校健美操教学创新发展的内容

（一）教学观念的创新发展

随着时代的不断向前发展，以及学校体育教育改革的进行，我国学校体育教学的指导思想也发生了一定程度的变化，目前，"健康第一""终身体育"已成为我国高校体育教学的指导思想，高校健美操运动的教学也应以此为指导。这就要求在健美操教学中，教师要逐步改变传统的教学思想和观念，在教授学生健美操基本知识的同时，将教授学生健美操动作技能作为重点，给学生更多的锻炼机会，保证高校健美操学生的身体健康，教授学生健美操运动的动作技能，使学生掌握体育锻炼的技巧方式，为以后的终身体育打下坚实的基础。在高校健美操运动教学中还要注意以人为本，在教学中从学生的需求出发，根据学生的具体情况安排教学，保证健美操教学的科学性。

（二）教学内容的创新发展

虽然相比以前我国的健美操教学水平上了一个新的台阶，但目前总体来看，我国的高校健美操教学内容还比较陈旧单一，致使健美操课显得枯燥乏味，难以满足高校大学生的需求，因此，高校健美操运动的教学内容也必须发展创新。高校健美操运动教学内容的发展创新要保留原有的教学内容，在此基础上增加对学生多种能力的培养，如健美操的欣赏和创编能力、健美操的实践和独立锻炼能力、健美操学习和分析解决问题的能力，提高学生的综合素质，以便学生步入社会后能够应对严峻激烈的竞争。

在新形势下，休闲体育运动逐渐成为一种潮流和时尚。在休闲体育中，以健身、娱乐和兴趣为主题的健美操运动成为其重要内容，受到了学生们的喜爱和欢迎。高校健美操运动教学内容的发展创新应紧跟时代潮流，将这些时尚流行的大众健美操等项目引入高校健美操教学，满足学生学习的需求，也能提高学生学习的激情和积极性，获得理想的教学效果。

（三）教学方法的创新发展

随着现代教育的不断发展，传统的教学方法已难以适应现代体育教学的需要，因此，现代化的教学方法被广泛采纳。在健美操教学中，运用多媒体等现代化手段进行教学，直观性更强，能够让学生更清晰地掌握动作要领，教学的趣味性也得以增强，可以调动学生学习的兴趣和主动性，促进健美操教学的发展。因此，现代化教学方法的运用是高校健美操运动教学方法发展创新的方向。

运用现代化的教学方法首先需要增强对高校健美操教学的重视，加大对健美操教学的投入，改进完善健美操运动教学的设备，为运用现代化教学方法进行健美操教学奠定必要的基础。运用现代化教学方法进行健美操教学还需要广大高校健美操教师提高自身的综合素质，广大教师要积极学习，接受新事物、新知识，掌握现代化教学设备的操作方法，促进现代化教学方法在高校健美操运动教学中的应用。

（四）教学能力的创新发展

健美操教学能力是以健美操技术教学为中心，带有综合性，表现为多种能力的协调活动。它包括教学设计的能力、动作技术的演示能力、教学口头表达的能力、技能观察分析的能力、运用教法的能力、教案编写的能力等。这些能力都属于健美操教师必备的基本功。教师教学能力的提高是高校健美操教学水平不断提高的重要因素之一。

1. 教学设计的能力

（1）健美操教学设计的要求

为了保证教学课的顺利进行，达到预期的教学效果，必须要进行教学设计。教学设计，就是按照教学科学化、最优化的要求，在教学过程的各个方面做出合理的安排。具体地说，就是要确定某一教学阶段某些动作技术的教学目的，并围绕完成教学目的这个中心安排教学内容、组织教学过程和选择教学方法，制订出完整的教学方案。

教学设计的项目一般包括教学目的、教学内容、教学过程和教学方法等。

① 确定适宜的教学目的

健美操的教学目的要符合教学序列的要求，明确教学内容在教学序列中所占的位置，要考虑到基本动作、组合动作和成套动作的特点与学生的实际，使基本动作、组合动作和成套动作的教学目的成为教学序列中的一个点。健美操教材应以技术动作为主体，是健美操知识、技能的综合体现，并为学生学习健美操课程提供范例。根据健美操项目的教学特点和学生的实际，建立科学合理的序列，既能使教学有的放矢、落实任务，更可避免教学的随意性和盲目性，增强健美操教学的科学性。

②精选教学内容

由于高校健美操教学时间非常紧张，教学时数很有限，因此，必须在一定限量内确定教学内容的主次、轻重环节，才能有利于教材内容的完成。为此，教师对教学内容要进行加工处理。首先，必须深入钻研教学内容，包括教学计划、教学大纲、教科书。钻研教学计划就是要了解健美操课程的目的任务、教学时数和周学时的安排，领会健美操课安排的统一性与灵活性。钻研教学大纲，就是要弄清健美操课程的教学目的，了解健美操课程的教材体系和基本内容，明确健美操课程教学法上的基本要求。钻研教科书是指教师要熟练掌握教科书的全部内容，包括教科书的编写意图、组织结构、重点章节以及各章节的重点、难点和关键。总之，加工处理教学内容，其目的是依据学生接受的可能性，分析判断教学内容的可传递性，使教师的教能主动地适应学生的学，以有效地实现知识、技术和技能的传授。其次，教师对教学内容进行选择、组织、调整、安排。选择组织教学内容，就是教师在深入了解教学对象、掌握学生学习规律的基础上，对教学内容作教学方法的加工，使所教的内容转换成学生易于掌握、乐意接受的形式。同时还应按照预定的内容，围绕重点，适当补充，必要时还应适当删减。调整安排教学内容，是根据联合动作或成套动作的编排原则重新组合教学的内容，以利于进行综合性的技术训练。

③组织合理的教学过程

健美操教学活动是一个统一的整体，主要包括教师与教材内容、学生与教材内容、教师的教与学生的学三个方面。其中学生和教材内容又是学生领会教学内容和培养实践能力的主体。学生的思想是"活"的，教材的体系是死的，在教学中要能使教材内容为学生获得知识、技能服务，就需要教师认真探究学生的学习规律，组织合理的教学过程。

在健美操教学中，教师要根据教学的主要任务来确定健美操课的类型和结构。课型有新授课、复习课、综合课和考核课等。其中每一种类型的课都有一定结构，课型不同，其结构也不同，教师要根据本节课的目的、方法、教学对象和教学内容的特点设计课的结构。对于课的结构的安排设计，要从实际出发，既要有模式，又要避免模式化。任何有价值的教学模式，如果把它绝对化，一味套用，就不会有好的教学效果。

④ 选用有效的教学方法

在健美操教学中，教师在选择教学方法时，要有一定的指导思想。主要内容有：第一，启发式教学是运用任何教学方法的指导思想。具体的教学方法由于指导思想不同，既可能产生启发的作用，也可能出现"填鸭式"的情况。衡量一种教学方法是否具有启发性，关键在于教师能否促进学生积极主动地去学习；第二，选用教学方法必须服务于目的任务，必须注意教学的启发性；强调在教师主导作用下，教会学生善于学习。

教学方法选择的标准，应适合教学的具体任务、教学内容的特点和学生的实际。另外，教学手段、教学环节、教师本身的具体条件、场地设备条件等因素，也影响教学方法的选择。

教学方法选择的程序为：第一，明确选择的标准；第二，结合教学的具体任务，对教学方法作最优选择；第三，考虑教学方法的综合效用，选用教学方法要注意多样性。

需要注意的是，教学方法是在不断发展的。教师在选用教学方法时，要能充分发挥自己的能动性和自己的特长，进行创造性的实践。

进行教学设计，应以上述四个方面的要求出发，其目的是要充分体现健美操教学的各项原则，并保持贯彻教学原则的有机统一，寻求最合理的途径，以利于促进教学过程的优化程度。

（2）健美操教学设计能力的培养

① 钻研教材内容

进行健美操教学设计，首先就要钻研教材内容，第一步应了解教材内容体系及特点，掌握全部内容，理清教学系列；第二步确定教学重点、难点和关键；第三步确定处理方法，哪些方面需要补充，哪些方面需调整，哪些方面要加以探讨，都要做到心中有数。钻研教材内容在进入健美操教学课时就可进行初步训练，为教学设计打下基础。

② 教学综合设计

健美操综合设计的内容主要包括教学的目的和任务，教学重点、难点，课型，课的结构，教学方法，直观教具，器械配备及保护设施等。在教学综合设计前，教师应让学生获得感性经验和理性认识，可以组织教学观摩或看教学录像，分析教案或对优秀教师的课堂教学设计进行评析。经过这样的学习过程再进行教学设计，就会获得更多的实际效益。

教师可根据大纲的一般要求确定一次课的教材内容，指导学生进行教学设计。其目的在于提高学生课堂教学整体设计的初步能力。设计前，把握教材内容的重点，准确地确定该课的教学目的和教学内容。在此基础上，设计好每个教学环节。设计中要特别注意各个教学环节之间的联系，使课型结构形成一个协调的整体。综合设计通过教案体现出来，能力训练主要结合编写教案进行。在健美操教学期间，教师应有计划地组织学生编写教案，加强教师与学生之间的沟通和交流。

为了逐步提高设计水平，还可以选择典型教材内容的教学进行最佳设计。这种设计教师应根据教学设计的标准，从教学目的、教学内容、教学过程和教学方法等方面提出优化要求，让学生按要求进行设计练习。优化教学设计难度较大的课，对于学生的训练不能操之过急，应从教学目的出发，教学方法由易至难，逐一要求，学生若能达到某些优化标准，则应充分肯定。如此遵守由易到难的顺序，达到教学设计标准化就不难实现。

2．直观演示能力

在健美操教学中，直观演示具有多种多样的形式，包括示范动作的演示和电教手段的演示等。这些演示形式各有特点和要求，需要进行有计划、有针对性地进行训练，才能达到预期的效果。

（1）健美操直观演示的要求

①明确直观演示的目的性

健美操教学的直观性是教师在教学中有目的地组织学生的感知觉，通过动作示范和各种直观手段的演示，丰富直接经验和感性知识，使学生获得正确动作的生动表象，从而由这个直观的认识环节开始，结合学生的实际练习活动，把动作概念的掌握建立在感觉、知觉的基础上。

健美操教学基于这个基础，其目的在于使具体动作的整体形象及其结构成分在最大程度上为感性知觉所接受，作为它引出的结果，是要达到对所学动作有机地结合相应的肌肉运动表象，以及加快形成动作技能和技巧。所以，在实际运作直观演示法时，应从它的目的性出发，必须把直观性建立在能为学生直接感知的具体形象之上，才有可能在获取知识和形成动作技能的过程中，以最佳方式保证具体与抽象之间的联系，促进教学任务的顺利完成。

②讲求直观演示的科学性

直观演示的科学性具体表现在以下几个方面。

第一，示范动作的正确优美性。示范动作是学生模仿练习的蓝本，是学生借以形成动作映像的重要来源，因此，示范动作的正确优美性是非常重要的。示范动作不正确优美，会导致学生产生不正确的运动表象，以致形成错误的动力定型，这对以后"改错、纠正"是十分困难的。

示范动作的正确优美性还在于教师做示范动作或运用直观手段时的熟练程度。示范得当能引发学生自觉、主动地去感知所示动作，但示范方法不妥，学生就不易获得正确的视觉形象。所以，示范动作的正确优美性是教师进行健美操教学时最能调动和激发学生自觉投入学习的积极因素。

第二，整体示范和分解示范相结合。整体示范和分解示范在直观教学中具有不同的作用。整体示范有助于学生了解完整动作的一般特征，培养学生掌握整体动作是教学的目的；分解示范有助于学生明察动作的细节的特点。分解不是目的，而是手段，其目的是更好地掌握整体。教师有意地把直观演示由整体引向分解，易于使学生区分动作的内容、表象或表象的要素。这样，学生的知觉就有了计划性和层次性。

整体示范与分解示范能帮助学生扩大注意范围和知觉广度，以及建立清晰而较完整的动作映像。但需要注意的是，在运用分解示范时，并不一定要完全按照健美操动作的固定化模式，而是要根据具体动作的结构特点而定。

第三，示范与讲解相结合。在示范与讲解过程中，加强两种信号系统的协调活动，是促进感知更精确而富有理解性的一个重要环节。

健美操教学活动的智力化，体现在示范与讲解相结合的过程中。语言功能具有重要的作用。教学中，运动表象的形成，不仅要通过示范、利用直观感知来调节，而且要结合讲解动作的要领，借助语言来思维。在直观感知中，单凭动作及其细节的示范演示，通常不能知觉动作的要领，只能机械地知觉动作。这会导致学生的练习活动变成单纯模仿和机械重复。"百闻不如一见"是强调示范的重要性，但示范只有结合语言讲解才能发挥直观感知的作用。

健美操动作技术的讲解是在深刻理解和体会动作正确技术要领的基础上，所具备的一种语言表述能力。教师在示范时，应该用语言或专门术语，准确地、有条理地指导学生"感知什么、怎样感知"，使学生在掌握直观教学内容时能应用语言形式记忆学习内容的方法。因此，在示范过程中简明扼要地进行讲解，不仅使学生在完成动作时能够准确地掌握身体各部位的方向、路线、幅度、速度、节奏和肌肉用力顺序等，而且也能掌握动作的重点和难点。

示范与讲解相结合的形式是多种多样的，如何结合应根据教学目的、任务、内容和学生已有经验灵活运用。

（2）健美操直观演示能力的培养

① 动作绘画的训练

动作绘画也是大学生进行健美操所必须具备的基本功。大学生在专业学习期间要利用零星时间，结合教材内容进行绘画练习，有条件的可以通过健美操绘图课进行系统训练。平时应布置课堂作业，要求学生联系学习内容，进行绘画练习。练习要多从动作的基本线条画起，为绘画技能奠定基础。对学生的绘画作业练习，要加强督促，认真批阅，并对练习结果及时作出评价。对不重视绘画练习，图像极其潦草的，应责其重画。

② 动作示范能力的训练

动作示范能力训练的主要的目的是培养学生正确、优美、独立地完成动作的能力。其训练的途径可以从以下几个方面着手。

第一，组织学生观看即将学习的成套健美操和各国现代健美操竞赛与表演的录像，使学生形成正确的动作表象，并了解先进的健美操动作技术。

第二，学习并强化健美操基本动作的练习。

第三，反复练习成套动作，并尽力使学生完成得正确、熟练、优美。

第四，组织相互观察、相互评比。

第五，组织分组轮换表演。

第六，一个或几个同学在队前带领练习。

③ 配合讲解演示的训练

配合讲解演示的训练目的是使学生能恰当地安排演示中的内容、程序和时机的同时动作名称、术语。教师提出问题，让学生在示范中讲述完成动作的要领、要求和注意事项，并据教学进度和课的任务，让学生评议完成情况。

3. 教学口头表达能力

口头讲解是健美操教师传授知识、技能的基本手段口头表达能力的高低，是衡量一个健美操教师教学能力的重要标准。对健美操动作技术来说，教师的口头表达对学生学习讲解技能是一种示范，有着特殊的意义。

由于受传统教学思想的影响，健美操技术教学往往注重技术训练，而不重视能力培养。口头表达能力方面所存在的问题是上课唯有教师讲、学生练，课内课外唯练是从，学生动得了手却动不了口，缺少语言环境，得不到口头表达能力的应有训练。这样，久而久之，就会造成学生学习上的畸形发展，思维不敏捷，会做不会讲，口头表达能力受到压抑。因此，健美操教学中应根据学生能力培养的途径，加强教学口头表达能力的训练。

（1）健美操教学口头表达的要求

教学口头表达除了必须符合一般口语的规范外，还应具备以下要求。

① 表达准确、明白、生动

准确：指语言符合现代汉语规范。体操教学的口语要特别注意讲解动作技术原理时的逻辑性，要做到概念清楚、判断恰当、推理正确。

明白：主要指讲解动作要领要深入浅出。教师要善于化繁为简，把抽象的东西讲得具体，把难懂的东西讲得通俗。

生动：指语言讲解富有表现力，能引人入胜。教师要努力借助于自然协调的教态，包括手势、表情、姿势等，以增强口头表达的效果。

准确、明白、生动，三者应该统一，首先力求准确，在准确的基础上再求明白、生动。

② 适度地调节教学节奏

口头讲解应有适当的节奏，教师说话的快慢、停顿要与学生的练习活动协调一致，使练习强度、密度大小得宜，错落有序。教师讲解动作要领，要让学生边听、边练、边思考，充分理解语意。遇到教学重点、难点，语速应稍慢，顾及学生领会的效果；一般的提示语速可略快。讲解的音频如果一律是低调，会使学习空气沉闷，分散注意力；如果一律是高调，会使学生大脑抑制，影响听力效果。讲解的语调只有高低相宜，才能有利于控制教学节奏。要提高口头表达的自我调节能力，除了积累课堂教学经验以外，最重要的是教师在讲解时要做到心中有学生，注意观察学生听讲的表情，及时发现他们听讲中的问题，从而自觉地调整语言节奏。

③ 教学语言要具有启发性

在健美操技能教学中，要求教师的讲解要具有一定的启发性和鼓励性，教师用生动的语言调动学生的积极思考，使他们在掌握动作技能中开动脑筋独立地获取知识。健美操中的启发性教学要有以下几点要求。

第一，从学生实际出发。全面了解学生，从学生的实际情况出发，有的放矢，这样才能收到预期的效果，如果言之无物，尽管把动作技术要领讲得"头头是道"，也不可能有启发性。

第二，讲解要体现"少而精"。教学中启发式讲解与"少而精"是不可分的。"少而精"要求教师要研究"讲"的内容，确定"讲"的重点、难点，要组织"讲"的程序，使之符合学生掌握动作技能的实践规律；要注重讲的方法。"讲"的语言要明确、简洁、生动，讲解是一种教学艺术。不重视"讲"，或蜻蜓点水，或喧宾夺主地讲，或不注重"讲、练"的有机结合，都是不符合启发性要求的。

第三，讲解要生动，能引起学生的兴趣。兴趣是直接推动学生主动学习的内在动力。学生对学习的兴趣，又往往取决于教师有目的地培养。教师在讲解过程中要善于"寓教于乐"，教学有方，"开窍"有术。教师在教学中精练、生动形象的讲解，是诱发和培养学生学习兴趣的重要条件，所以，教师要根据健美操的教学特点，采取相应的措施，努力提高讲解的艺术性和趣味性。

（2）教学口头表达能力的培养

口头表达能力的培养训练可采用以下几种形式：

① "讲、练"中的提问训练

提问是语言口头表达的形式之一。在健美操教学地讲、练过程中，适当、灵活地进行一些必要的课堂提问，对巩固学生所学的知识、技能以及学生口头表达能力的训练是一种行之有效的方法。提问，从其有效运用方面而言，它可以有机地贯穿于动作技能的讲、练之中，课堂教学生动、活泼，学生掌握知识、技能主动、积极，这样才能获得良好的教学效果。

在健美操教学中，教师要把提问列入备课计划，作为教学活动的一个基本环节，贯彻始终。健美操教学课堂提问，一般采用以下几种方式。

第一，巩固性提问。这主要通过复习教材内容进行。教师提问时，要从具体问题出发，明确要求，让学生回忆和复习已学过的动作，并启发他们深入实际练习，进一步思索概念，改进技术，达到"练中有疑，以求其解"。

第二，强化性提问。在动作技能教学中，为了使学生顺利地掌握所学动作的概念，把一时难以理解的技术问题，加以强调，突出重点。

第三，检查性提问。在讲解过程中，教师为了随时检查学生的听讲效果，可抓住有利时机，提出一些概念性的问题，让学生回答，从而可以了解学生的知识水平、表达能力和理解能力。这种提问先由教师向全班同学发起，引导学生共同思考，接着再指定学生问答，必要时进行连续性的追问、反诘，以督促更多的学生仔细倾听别人的答话，养成他们自觉听讲、分析问题和判断问题的习惯。

② 课堂试教

课堂试教是采取正规的课堂教学形式，力求把预讲搞得和正式上课一样。课堂试教要求在预定的技能练习房里进行，听讲的对象由班级学生组成。"教师"和"学生"都必须进入"角色"，尽可能造成课堂教学的气氛，预讲内容是一节完整的课，要严格按照教案执行。这种综合训练，除了应符合教学口语的一般要求外，要考虑口语形式与教学进程、教学方法协调一致，使教学语言成为提高教学质量的有效手段。训练前，应组织学生到有关专业学校听课，看优秀教师的课堂教学录像，以便充分取得应用教学口语的感性经验。

4．技术观察能力

在健美操教学中，为了配合教学任务的需要，教师结合示范动作或直观演示，组织学生有意识、有目的、有计划地感知某一特定动作的技术，并力求去认识它，这种根据教学要求按教学程序所获得的知觉称为观察。所谓技术观察，就是通过观察，对动作技术进行分析综合。

技术观察方法是学生学习健美操知识和技能的一条捷径，也是检查健美操教学方法的实践基础。因此，重视技术观察能力训练，是健美操课中不容忽视的一项基本任务。

（1）健美操技术观察的基本要求

技术观察是根据技术动作的教学目的与要求，通过各种教学媒介以视频信息和声频信息刺激学生的感官，使学生得到感知，引起心理活动，促进学生积极思考，帮助学生理解和掌握动作技能。教学实践表明，技能观察只有在遵循学习心理学的原则，符合学习行为的心理学规律的前提下，才会获得良好的效果。技术观察要注意以下几点要求。

① 根据知觉的整体性的特点，进行技术观察应做到重点突出。知觉的整体性是复合刺激物总是被感知为一个统一的整体，但一个相同的复合刺激物，由于突出的重点不同，作为感知的结果的"统一的整体"也是不相同的。因此，在技术观察中，注意运用知觉的整体性的特点，突出重点，对于获得正确的感知结构是很重要的。

② 根据知觉选择性的特点，应提高技术观察的生动性。技术观察的生动性与教材内容的生动性直接相关。教材内容直观中重视感知活动规律的运用，是影响教材内容生动性的重要条件。这条规律说明，在静止不变的背景下，运动变化的对象容易被感知。因为活动的对象比静止的对象具有更大的吸引力，更能增强感知效果。

③ 根据感知理解性的特点，进行技术观察要充分了解学生已有的知识经验和注意词与形象的结合。知觉理解性的特点，表现在学生感知对象的时候，总是根据过去的知识经验来理解它。在技术观察中，学生感知的内容与已有的知识、经验越是接近，就越是易于理解。因此，了解学生已有的知识、经验水平对于保证学生充分理解教材内容是很必要的。

词与形象的结合是观察过程中促进理解，形成感性知识的重要条件。研究表明，在模仿与直观看动作中，如果形象与词分离，仅有示范动作的形象作用，而缺乏词的作用，则难以使学生获得确切的感性知识。

（2）健美操技术观察能力的培养

① 指导学生观察的方法

"善于教人者，教人以方法"。培养学生的技术观察能力，就是要指导学生学会如何观察，把观察的方法教给学生。这些方法主要有：

第一，整体现察法。整体现察是伴随示范动作完整形象，指示学生从建立动作的完整概念出发，去感知动作的全过程。教学中，学生认识动作技术的规律，通常都是从认识动作的名称、术语和动作的完整形象开始的。因此，整体观察法的运用。在动作概念形成的最初阶段，对于学生认识动作，即形成视觉表象的完整性有其重要意义。

在各个教学阶段，教师根据教学任务的需要，经常地、适当地组织学生进行整体观察训练，有助于培养学生"通过现象窥本质"的观察力。

第二，分解观察法。分解观察应以分解练习法的原则为依据，教师从完整动作的结构中分解出相应的部分，指示学生对分解部分的技术进行有意观察。分解观察法的运用，是按照教学任务的转移，由完整动作转向动作的分解，即从完整动作中突出其分解部分，目的是通过观察活动加以强化。教学经验表明，在实际教学中，整体观察与分解观察都有不同的特点和要求，但从分解综合的效果来看，在一定条件下，两者结合运用，不仅可以提高观察效率，而且更有利于观察能力的训练。

第三，对比观察法。直观教学中，通过对比观察提出和解决技术性问题，既可以引起学生的高度注意，促进积极思考，加深对动作概念的理解，又可训练学生进行对比分析和鉴别的能力。所以，用对比的方式边讲边观察是实现启发式教学的一种有效手段。

② 发挥教师指导语的作用

为了确有成效地训练学生的技术观察能力，教师除进行方法指导外，必须充分发挥教师指导语的作用。从观察的功能来说，教师的指导语应符合以下三方面的作用。

第一，定向作用。在观察训练前，教师要先提出明确的观察目的和具体要求，指明观察的程序，引导学生有意识地了解自己所面临的观察任务是很重要的。

第二，加深作用。这表现在两个方面：一是教师的指导语要考虑如何起到加深理解的作用，引导学生提出他们仅在现象上不能得出的结论；二是指出"到底是怎么样的""为什么会这样的"问题，把抽象的观察结论引向具体化，这也是观察深入的一个标志。

第三，提示作用。在观察前和观察中，教师提示或讲解有关观察对象的知识，有助于学生巩固所学的知识，并在观察中得到验证，同时也会起到开拓学生观察思路的作用。

5．教案编写能力

健美操教师书面表达能力的高低与上好课有着密切的关系，健美操教学的书面表达在这里主要指教案文字的表达形式。这种表达形式有一定的特点和要求，需要经过训练，才能熟练掌握。

（1）健美操教案的编写要求

① 编写的目的性

所谓目的性，是指一节课要达到什么教学目的，这是与教案之前首先必须明确的，如果教学目的不明确，教材内容的处理、课堂的结构等都会失去依据，其结果是教学内容不是面面俱到、多而不当，就是顾此失彼、少而不精，势必不能完成大纲所规定的教学任务。教案的目的性取决于大纲的要求、教材的内容和学生的实际。只有认真研究这三个方面，才能恰当地确定教学目的。学生初写教案，存在的主要问题是目的性不明确，因而教案内容往往重点不突出；有的教案虽写了教学目的，但教案的内容却文不对题；有的教案目的要求与大纲的规定不符。因此，训练学生编写教案，在确定教学目的性问题上，应特别注意加强指导。

② 编写的计划性

教案，即课时计划。教案的计划性是十分重要的，它不仅关系到教案本身的质量，而且关系到课堂教学的质量。计划性主要是指教学内容、教学过程的安排、教学方法的选择和现代化教学手段的配合运用，以及各教学环节时间分配等，都应完整有序。如果教材内容丰富，需要重复课时多，那就更要注意教案的计划性。例如，每节课的课型和结构怎样确定、课时任务怎样分配、课业练习怎样组合、怎样讲、怎样练等，都应精心设计，周密考虑。

③ 编写的科学性

所谓科学性，是指所写的教案，无论对知识内容或动作概念、原理的讲述，运动负荷的安排，图解的图形绘制，以及文字表达，都应当准确无误。科学性不仅是教学思想性的基础，而且也体现传授科学的运动知识、技能是教学的主要任务。因为健美操专业学生的学习还处于打基础的阶段，对知识技能的正误缺乏分辨能力，教师稍不注意，就会贻害他们。在保证教案的科学性上，首先应要求学生做到准确地掌握教材内容，不能一知半解；其次，所要叙述的动作概念要确切；最后，教案的语言必须简明通顺，条理清楚，书写正确、工整，如发现有文字表达上的概念性错误，应立即予以纠正。

（2）健美操课教案编写能力的培养

第一，教案基本写法训练。要着重练习教案编写的内容和一般格式，并能用准确、简明的文字、图表反映教学设计的成果。这种训练一般与教学的单项设计、综合设计一道进行，要求学生将有关的设计，按教案编写的基本要求转化为文字。从教学目的、教学过程，从讲练内容到教学手段的运用，都应分行书写，做到条理井然，纲目分明，行款规范。

第二，教案中的"特写"，在行文款式上要讲究。编写教案时，对动作的技术要点、主要教学手段、重点课业练习，都要设法用方案加以"特写"，使教案清晰、醒目，便于进行课前预习。特写的方法有：①放大字体或变换字形；②用符号作标记；③用彩色笔作标记；④用图解表示动作的方向、路线；⑤在正文旁边作简要批注，如"重点""要领""关键""重练""略讲"等。

第三，教案编写要重在实用性训练，这是编写正式教案的训练，多在模拟教学或教学实习中进行。编写时应着眼于教案内容的和谐、编写的统一，能圆满地达到教学目的；表述简要清楚，便于施教。试教前，教师应审阅教案，并根据其教案的任务要求，有针对性地提出具体意见。对教案中存在的一些问题，要进行个别面谈，了解编写者教学意图和设计打算后再做指导。试教后，还可根据教案使用的情况，对编写提出意见。教案书面表达应着重进行以上训练。很显然，教案书写的形式是以一般书面表达为基础的，同时需有较强的教学书面表达能力。因此，学生应在平时加强一般文字的书写训练。

综上所述，以上几种健美操教学的基本技能是相互联系、相互促进的。在健美操教学的过程中，应对每一种能力进行训练，做到统筹兼顾，灵活安排。

（五）教学考核方式的创新发展

健美操教学的考核也是至关重要的，它能检验健美操教学的质量和效果，促进健美操教学更好地发展。在高校健美操教学考核中应减少由于先天性因素起决定作用的陈旧模式，重视学生在学习过程中的进步幅度与努力求知的创新程度，注重形成性评价，鼓励学生鉴别音乐、判断节奏，鼓励学生自我评价，鼓励学生创编新动作、新套路；鼓励学生选择、保存、复制、剪辑音乐，注重健美操全面素质、能力的培养和提高。高校健美操运动考核方式的发展创新应探索制订科学的创新评估体系，在制订评价体系的过程中，注重形成性评价与终结性评价两者的合适比重，注重学生的主体地位和作用。

二、高校健美操教学创新的对策

（一）改革和完善健美操的教学模式

教学模式是健美操教学中重要的要素。一方面，健美操是一项时尚健身项目，是随着时代的进步而逐渐发展起来的，其更新换代的速度较快；另一方面，高校大学生好奇心强，乐于接受新事物。因此，高校健美操的教学必须解放思想，打破原来单一、枯燥的教学模式，重视教学过程中的开放性和现代性。教师在教学过程中应重视教学内容与教学方法的丰富多样性，从学生实际需要出发，改进和吸收一些学生感兴趣的教学内容，以提高教学效果，满足大学生对健美操不断发展的要求。

（二）加强教师与学生的交流，正确处理教学关系

高校健美操的教学是教师和学生共同参与的双边教学过程，教师和学生的关系在教学过程中发挥着重要的作用，在现代健美操教学中，要打破"导学式""注入式""填鸭式"的教学方法和教学模式，在注重教师的示范指导作用的同时，给学生充足的自主练习

时间，充分调动学生学习的主动性和积极性，活跃课堂气氛，将教师的主导作用和学生的自主学习结合起来，使学生在轻松、愉快的教学环境中学习健美操知识，提高健美操运动技能。

（三）加强学生的美育教育

高校健美操的教学目的主要以健身、提高审美能力为主。因此，高校体育教师应在重视大学生身心素质全面发展的基础上，重视学生的美育教育，以提高大学生欣赏美、评价美的能力。在高校健美操教学实践中，教师应改变以往一堂课一首音乐的单一教学，适量增加不同风格、不同节奏的音乐，丰富学生的认识。在高校健美操教学实践外，教师应积极采用引导式的方式，潜移默化地向学生灌输健康美的优点和好处，提高学生的审美观，使其自觉地增强身体素质，改进技术动作，提高身体的协调性和柔韧性，培养自信心，加强大学生对美的感受和理解。

（四）培养和提高学生的创编能力

大学生健美操创编能力的培养是由高校素质教育教学目标决定的。在高校健美操教学中，教师可以通过在教学过程中多放一些不同节奏和不同风格的音乐，多看一些健美操的录影录像资料等，有针对性地提高大学生的技术水平、想象能力、创新能力和对音乐的欣赏能力。另外，教师应在教学中给学生提供丰富的健美操教学素材，以便学生在进行健美操创编时加以参照和运用。对学生自主创编的健美操动作或套路，教师应善于肯定其优点，同时客观地指出不足，以培养学生的健美操创编能力。

（五）提高教师的专业素质和水平

在健美操教学中，提高健美操教师的专业素质和水平对改善和提高健美操教学的质量和效果具有重要意义。高校健美操教师的专业素质和水平的提高主要包括以下几个方面。

1．塑造个人形象

首先，高校健美操教师应具有充沛的精力和健美的形体，具体表现为体形健美、气质高雅、精力充沛、体能良好。目的是发挥健美操教师的榜样作用，树立学生参与锻炼的信心和决心。

其次，高校健美操教师应具有充分展现个人魅力的能力，具体表现为乐观、外向、开朗、活泼。一般来讲，性格外向的健美操教师会使人觉得充满朝气，能塑造出良好的课堂气氛，容易沟通，能吸引更多的学生加入健美操的学习中去。

2．知识领域广泛

首先，高校健美操教师应熟悉与健美操有关的相关学科知识，在教学中重视将有氧运动项目与健美操相结合，重视舞蹈与健美操相结合，在教学中重视不断提高和创新，而不是仅仅停留在原来的专业基础上。

其次，高校健美操教师应懂得人体测量评价与健康营养的知识。随着科技的发展，现代人的生活方式更加注重健康和营养，教师在健美操教学中有意识地增加自己的人体测量评价与健康营养常识有助于结合学生的身体发展进行有针对的教学，有助于促进学生的健康发展。在教学中了解学生的饮食习惯、生活方式，可以结合学生的身体状况进行有针对性的健美操教学，培养学生的姿态美、形体美、健康美。

最后，高校健美操教师应具备一定的音乐知识。音乐是健美操的灵魂。在教学中，教师必须了解音乐的基础知识，熟悉各种音乐风格、音乐节奏，使健美操音乐与健美操动作合理搭配进行教学和创编。

3．专业素质扎实

首先，高校健美操教师应具备健美操教学的专业理论知识和技术知识。以实践课为例，正确的动作示范是学生学习健美操动作的第一步，如果教师的动作示范不正确，不仅影响动作的美观性，而且有可能导致关节和肌肉的损伤。

其次，高校健美操教师应具备较强的教学能力，高校健美操课不是简单的动作重复和蹦蹦跳跳，教师应科学组织教学，合理设计动作，正确选配音乐，营造和谐的教学环境，教师还应照顾到每一个学生的体育需求等，任何一个教学环节的失误都有可能造成不良的教学效果。

最后，高校健美操教师应具有高度的敬业精神。提高健美操教学质量，需要教师投入大量的时间和精力去设计每一堂课的教学，结合学生的学习程度，设计不同难度的健美操教学动作和选择不同节奏的音乐，或简单易学或复杂多变，或节奏缓慢或节奏轻快。

4．职业道德良好

高校健美操教师应树立服务意识，为学生提供安全有效的健身服务。一个好的健美操教师同时也应该是一个好的健身教师，应该热爱健美操事业，应对学生的安全、健康负责，切实为学生的安全和利益着想，热情真诚地为他们服务。在教学中，具体表现为健美操教师了解每一个学生的健康状况和家族病史，清楚学生的体育需求，为每一个学生选择科学锻炼的项目、适宜的运动量和运动强度、合理的动作和音乐节奏、符合学生实际情况的健身计划等，并在学生的健身过程中指导学生，及时发现并纠正其错误动作，及时预防基因技术错误而造成损伤，及时诊断或处理学生已经出现的损伤。

5．与时俱进，善于创新

我国高校健美操的教学历史较短，和健美操发展成熟的国家相比还有一定差距，高校健美操教师应该认识到差距所在，重视更新自己的专业知识和技术技能，善于学习、善于研究、善于创新，与国际健美操的发展接轨，与时俱进，了解健美操发展的最新态势和最新研究成果，并将这些新知识、新动态、新成果应用到高校健美操教学实践中去，不断提高高校健美操教学的质量，以符合目前健美操在高校中的发展和教学改革的要求，同时也不断培养出适应社会需求的全面发展的高素质人才。

（六）注重电化教学，引入多媒体课件辅助教学

重视先进科学技术在高校体育教学中的应用已经成为当前高校体育教育教学的最新发展趋势，现代化多媒体辅助教学手段也已经逐渐引起高校健美操教师的重视。教学实践证明，多媒体课件辅助健美操教学具有声像俱全、图文并茂、伴奏优美等特点，能使大学生在轻松的气氛和愉悦的心境中进行高校健美操的练习。因此，在高校健美操教学中，引入多媒体课件辅助教学会给学生提供良好的学习环境，他们可以根据自己的实际知识和技能水平合理安排学习进度，随时掌握自己的学习情况，有利于激发大学生学习健美操的兴趣，充分调动大学生学习健美操的积极性和主动性，能有效提高大学生练习健美操的水平，提高高校健美操的教学质量。

（七）完善高校健美操教学考核的机制

首先，不断更新评价理念，建立科学的、符合素质教育的评价理念，重视大学生健美操实践能力的养成，使高校健美操的评价目标与培养目标相一致。

其次，重视评价中的激励因素。调查研究表明，在激励手段作用下，学生动作优秀率从 16% 提高到 38%。因此，在高校健美操教学中，教师应善于肯定学生在某一方面（如速度素质好、动作规范、乐感好等）的优势，对后进生、中等生多做自身纵向比较，激励学生。

最后，重视教学评价的创造性。教师在高校教学评价中应建立评价项目多元化，评价方式多样化的教学体系，创造性地处理好知识、技能和情感态度及价值观之间的关系；统一标准与个体差异的关系；过程评价与终结性评价之间的关系，同时重视对大学生抗挫折心理素质的培养。

第二节　高校竞技性健美操的创新发展

一、高校竞技性健美操创新的基础与原则

（一）高校竞技性健美操创新的基础

竞技性健美操的内容非常复杂，而要有所创新。创新就必须要具有良好的身体素质和动作技术，这是竞技性健美操动作创新的基础。难度强化训练是对现有难度更高一层次的提炼，其对高校学生运动员在难度技术掌握和身体素质方面都提出了更新更高的要求。所以，不断提高现有难度动作的质量，提高难度动作技术掌握的准确性，注重完成动作时身体控制能力以及难度动作的规格是进行难度创新训练的基础。

在竞技性健美操训练中，增加难度的训练和复合型难度的加长加难训练是有效的练习内容和训练手段。增加难度的训练包括负重难度训练和递进负荷难度训练。应该指出的是，进行难度创新训练的高校学生运动员，应该具有全面的身体素质，或在此基础上有某项非常突出的身体素质以及能够熟练、准确地掌握和应用难度技术的能力。只有在此基础上进行强化素质训练和难度技术训练，才会使创新的难度动作得以高质量地完成。

1. 增加难度的训练

增加难度的训练是创新难度训练的基础和保证，是强化大学生运动员身体素质和难度技术掌握程度的一个重要手段。创新难度，要求大学生的身体素质和技术训练有一定的"超前性"，不同于一般的训练。

（1）负重难度训练

①训练原理

此训练的原理在于，能克服身体与物体的阻力，增强肌肉力量、爆发力和弹跳力。

②训练形式

在 A、B、C 类等难度类型训练时进行负重强化训练，这是锻炼大学生运动员潜在竞技能力的有效训练手段。

③训练手段

在高校竞技性健美操难度创新训练中，一般选择沙袋作为负重手段。高校学生运动员选择负重沙袋的重量，应根据高校大学生的力量等级标准进行。一般女生选择沙袋的重量以不超过最大力量的 5% ~ 10% 为好，男生可以根据实际情况而定，一般不超过最大力量

的 30% 为宜。另外，还可以根据各高校学生运动员的体重进行沙袋重量的选择，女生沙袋重约为体重的 10%，男生以 15% 为宜。

④ 训练监控

高校教练员教师要严格监控学生运动员难度动作的完成质量，每类难度动作的标准都应该符合规则的最低要求，这样才能起到真正的负重训练的目的。以负重完成分腿支撑类难度为例，两腿负重后身体姿态应该保持屈髋分腿，夹角 90°，两腿与地面平行，而不应该有任何的动作变形；每次练习时间应长于比赛要求的时间，即大于 2 秒。这不仅对于高校学生运动员提高素质和完成难度有很好的效果，而且可以对高校学生运动员潜在的竞技能力进行挖掘，有利于下一步的难度创新。

（2）递进负荷难度训练

① 训练原理

在高校竞技性健美操难度训练的过程中，采用负荷量恒定、间歇固定、负荷强度逐渐增大的训练。

② 训练优点

其能有效地提高机体磷酸原供能系统，增强磷酸原在肌肉中的储备量，有利于提高竞技性健美操高校学生运动员对机体的能量动员和有效利用，从而更有利于难度动作的完成。递进负荷训练法还可以有效地增强机体耐受乳酸，消除乳酸的能力，使高校学生运动员能承受更大负荷的训练，有效地提高速度耐力。

③ 训练监控

每次递进的负荷强度，应该控制在最大心率 15% ~ 20%。基础负荷强度心率指标 120 ~ 130 次 / 分钟，负荷时间小于 40 秒，间歇方式慢走或放松，间歇时间 5 ~ 6 秒，休息不充分再进行第二次递进负荷，直到高校学生运动员达到最大心率为止。通过递进负荷，可使机体的各种机能产生与各种难度练习相匹配的适应变化，强化糖酵解和磷酸原供能的有效发展和提高。

以进行俯卧撑类难度训练为例，从达到基础心率指标的俯卧撑数为 20 个做起，休息 5 ~ 6 秒，增到同样时间内完成俯卧撑 25 ~ 30 个，再休息 5 ~ 6 秒，增至 35 ~ 40 个，再休息 5 ~ 6 秒，再增至 40 ~ 45 个，直到达到最大心率为止。

应该指出的是递进负荷法训练难度的类型以 A 类支撑和 B 类俯卧撑两类较为有效。

2. 复合型难度动作的"加强加长"训练

这种训练方法是针对竞技性健美操难度的发展趋势而拟定的名称。当前高校竞技性健美操的难度发展已进入复合型难度，各种难度的发展以多种类型的有机结合为创新点。因此，难度训练应该具有一定的针对性。复合型难度动作的强化手段有加长和加难两种。加长指训练中延长难度保持的时间，一般指支撑类难度动作；加难指难度动作的过程复杂化或混合多种难度技术。这种高要求的训练，强化了高校学生运动员对各种难度技术的准确掌握，同时，对高校学生运动员的综合素质也有很大的挑战性。

（1）同类难度动作强化训练

在技术特征上，同类难度动作具有共性，因此，高校学生运动员在掌握同一类难度动作时比较容易。对于有一定水平的高校学生运动员，同类难度动作训练已经不足以挖掘他们的竞技潜力，要进一步提高难度价值和体现高校学生运动员的超前能力，就必须在难度训练中加强动作的复杂程度。所以，要提出新的难度训练内容，即同类难度动作的加长加难训练。同类难度动作的加长指在现有难度动作完成基础上的加长，如延长支撑时间，提高训练密度，增强高校学生运动员对该类难度动作的训练刺激，从而创造更难一级的难度动作。同类难度动作的加难指使完成难度动作的过程复杂化，如在做依柳辛难度动作的过程中加后踢腿或再加以一个依柳辛变为双依柳辛。

（2）异类难度动作强化训练

此训练主要是异类难度动作的加难训练，指各类难度动作有机结合后在复合型难度的完成过程中加入转体或俯撑、倒地类难度动作，使得复合型难度的训练更加复杂化。它是强化高校学生运动员掌握多种复合难度动作的一种强化训练手段。如在做科萨克跳成俯撑时，在该难度动作前加入转体360°变为较难一级的动作。

异类难度动作加难训练，需要高校学生运动员对各类难度动作的技术掌握准确、熟练。同时，对高校学生运动员的综合素质要求也很高。由于动作过于复杂，所以在进行这种难度强化训练时，应注意提高高校学生运动员身体的控制能力。

（3）连接动作强化训练

运动实践中，连接动作为难度动作的准备性动作。难度动作的连接动作有变化，完成同一个难度动作的技术就有所不同，成套动作的流畅性及艺术性都对连接动作提出更高的要求。因此，连接动作是完成难度动作的一个不可缺少的部分。进行难度训练时，适当加难连接的动作有助于发掘高校学生运动员完成更高一级难度动作的运动潜力。在训练过程中，应注意不是每一类难度动作都可以加入连接动作，也不是每一个连接动作变难后，难度训练的效果就会更好。通常连接难度变难的难度训练，多集中在跳与跃类难度，连接动作也采用跳与跃的运动形式，以开发高校学生运动员连续起跳运动能力，提高下肢爆发力，从而为创造更难一级的跳跃类难度动作打下良好的基础。要注意的是，这样的强化性训练对于支撑类难度动作的效果不是很理想。

（二）高校竞技性健美操创新的原则

高校竞技性健美操难度创新的原则，依据创新活动的客观规律来确定，是创新活动客观规律的反映，是对创新实践的经验的总结，对创新实践具有普遍的指导意义。因此，根据实际需要，在训练中正确地贯彻与运用创新的各种原则十分必要。

1．科学性原则

在高校竞技性健美操动作创新中，要严格遵循人体运动的生理解剖规律、运动负荷曲线，并且要以此为依据进行选择创新的方法、形式、内容和技巧，提高创新动作的科学性。在高校竞技性健美操动作创新中实施科学性原则，是为了防止创新的动作违背人体生理解剖规律而造成运动损伤，或因运动负荷不合理而造成运动疲劳，从而为创新建立最科学、最可靠、最安全的保障。

（1）合理设计动作顺序

根据人体运动生理解剖规律，合理设计动作的顺序，是动作创新的基本要求。如难度的动作顺序一般分为三个部分：第一部分为预备动作，主要包括过渡连接动作；第二部分为主体难度动作，包括若干身体部分的运动，身体运动由局部到整体；第三部分为结束动作，一般为缓冲落地动作和调整身体稳定性动作，身体部位由少到多逐步参与运动。

（2）合理安排动作顺序

根据运动生理学规律，一般运动应该从身体的远端开始再逐渐过渡到全身，使身体逐步适应运动变化，所以创新动作时应合理安排动作的顺序。其主要是要求创新者考虑避免容易造成伤害的方法与手段，避免一些反关节的运动或关节受压过大，严格遵守人体生理活动规律进行创新，这样不仅可以使身体肌肉顺势用力，而且可以体现动作的自然美。

（3）考虑人左右均衡的发展

将人体沿脊柱纵向，人体分为对称的两个部分。因此，在动作创新的过程中，应该充分考虑人体的左右均衡的发展。设计新动作时，特别是人体单侧动作，要注意安排同等运动的另一侧动作。

2．竞赛性原则

高校竞技性健美操运动员想在比赛中获得优异的成绩，动作创新应该从竞技的角度考虑，创编中的各种因素都要突出，都要有所升华。因此，动作素材的选择应该独特新颖，具有创新意识和时代气息。同时，还应该明确有关规则的具体要求，了解比赛的规模和其他参赛队的实力，为编排动作提供较全面的参考依据。这就要求高校竞技性健美操在动作创新上，应该遵循竞赛性的原则。

（1）遵守规则要求

在竞技性健美操比赛中，每一个参赛的学生都要遵守比赛的规则，任何违反规则的创编都会严重影响到比赛的成绩，因此，研究规则是必不可少的。如在规则中对难度动作创新的最低要求与标准有明确的表述，因此，在创新难度的过程应力争达到或接近这些标准。对于个人与集体，难度动作都有一定具体要求，创新难度时，应该严格遵守这些规则。规则指出，对单人、混双、三人和六人，成套动作中所选择的难度动作必须体现空中、站立和地面三个动作空间的均衡性，每组难度动作至少各一个。地面难度不可以超过六个，俯撑落地的动作不得超过两个，不得重复难度。混双和三人要得到该难度得分，全体高校学生运动员必须同时或依次、同向或反向完成相同难度动作。集体六人要得到其余难度动作得分，全体高校学生运动员也可以同时或依次完成最多两个不同的难度动作，高校学生运动员完成这两个难度动作可以任意人员组合形式完成。若高校学生运动员同时或一次完成不同难度动作，将以难度至最低的动作为依据。此外，对创新的新难度动作规则也有明确规定，这也是必须遵循的。

（2）要体现科学性、新颖性、流畅性和艺术性

竞技性健美操动作的创新，要体现科学性、新颖性、流畅性和艺术性，这样才能吸引裁判与观众，赢得满意的成绩。

在高校竞技性健美操创编中，应该考虑动作的合理性与艺术性，对高校学生运动员实际水平和个性特征以及成套动作的风格与特色，都要有所考虑。创新的难度与动作组合的选择和设计必须很好地融合和平衡，不可以集中在一个平面上，应该利用好空间。要掌握好成套动作和空间的比例，合理设计它的类型和动作形式，体现成套动作的均衡性。如每个难度动作都有其不同的过渡连接方式，过渡动作不同，则动作路线就会不同，从而对场地的使用也就不同。每一种步伐都有最为合适的移动方向，熟练掌握各种步伐的特点，是创编新难度的基础。此外，应该突出个人特点，如难度动作技术规格虽然要求大体相同，但由于高校学生运动员个人身体素质和技术掌握的不同，完成同样难度的风格也会有所不同，设计难度时应该考虑不断提高成套动作质量，这是动作具有艺术性和竞争力的前提。成套动作质量主要包括动作技术质量和动作姿态质量。动作技术质量指高校学生运动员完成动作技术的要领是否正确、先进，动作姿态质量指完成动作时高校学生运动员身体姿态的控制程度。因此在创新动作时，应提高动作质量，体现动作的艺术价值和完成价值。

3．针对性原则

在高校竞技性健美操动作创新的过程中，要针对不同的运动水平，高校学生运动员的身体素质、形态、技术特长等特点，及规则的改动和技术发展趋势等方面进行创新。

不同的高校学生运动员对动作的接受能力、感受能力及表现能力都有所差异，另外，他们在技术掌握和身体素质等方面也有显著的差异，所以在动作创新的过程中应该注意成套动作中难度的种类级别以及操化动作的风格、连接动作的巧妙和过渡动作的新颖，有针对性地选择切合实际的方法和手段进行创新。

竞技性健美操规则对创造性要求是，成套动作必须是令人难忘的、与众不同的，它必须是展现及音乐、动作设计和配合的独特的创造性的结合。难度动作的创新包含动作创新和技术创新，动作创新指创新出前所未有的、独特的、有一定难度价值的新动作；技术创新指在原有的难度动作基础上，探索出新的动作做法，形成新的动作技术风格，并具有发展前景的技术内涵。所以，发展难度动作一定要突出"新"字，要与众不同、花样繁多、出人意料。创新中，必须要了解竞技性健美操发展的现状和趋向，并加以分析和总结，找准创新的突破口，以创造出与高校学生运动员能力相适应的动作，提升成套动作的价值。

（1）针对技术型大学生运动员动作创新的实施

任何竞技性健美操动作的掌握和完成，都离不开对其合理技术要领的掌握。高校竞技性健美操的成套动作不仅要求全面的身体素质作为基础，而且因动作的复杂和多变性要求合理掌握技术和应用技术。如针对技术型高校学生运动员创新的难度应集中于动作设计应该趋向复杂化，考虑多种难度类型组合，以多变复合型难度或复杂多变的连接动作，体现技术型高校学生运动员的优势。

（2）针对柔韧型大学生运动员动作创新的实施

大多数高校竞技性健美操女生运动员具有柔韧素质好而相对力量薄弱的特点，这些高校学生运动员柔韧性较好动作幅度大、舒展，因此，可以把创新点集中于柔韧与变化类难度上。如无支撑依柳辛接纵劈叉，在此基础上，也可将柔韧与转体类动作相结合，或柔韧与跳跃类相结合，以展示优美高超的柔韧技能，发挥自己的特长。

（3）针对力量型大学生运动员动作创新的实施

针对力量型高校学生运动员在力械素质上的优势，成套动作的创新以体现力量特点为主要创新点。如创新难度应该考虑难度类型的选择，创新点应该集中于直接体现力量素质的俯卧撑、倒地和支撑与水平两类难度的变化上，创新纯力量型难度，还集中于间接体现力量素质创新复合型难度，即在跳与跃、柔韧与变化的难度类型中，连接俯撑和支撑难度的难度动作，从而发挥大学生运动员的力量优势。

二、高校竞技性健美操动作的创新

（一）影响竞技性健美操动作创新的因素

影响竞技性健美操动作创新的因素有很多，其中主要包括主观和客观两方面的因素。对影响健美操动作创新的主观和客观影响因素的研究，是认识创新生成与发展的必要前提。了解影响因素的组成及各种因素对高校竞技性健美操动作创新活动的影响程度和它们之间的相互关系，对优化高校竞技性健美操动作创新环境、开发创造力等，有十分重要的现实意义。

1．影响健美操动作创新的主观因素

主观因素主要是指对健美操动作创新活动具有促进或阻碍作用的内在因素。主要包括知识结构、专业知识、技术理论知识、实践经验等内容。

（1）知识结构

知识结构指脑中观念的全部内容和组织形式。在高校竞技性健美操动作创新知识结构中，应该具备创新者专业知识与难度技术理论的深刻理解和掌握，对其他难美项群运动技术知识的掌握和创造学知识的相互渗透两个重要特点。

（2）专业知识和动作技术理论

竞技性健美操的专业知识是构成竞技性健美操动作创新知识结构的基础，任何一个设想的产生都离不开专项运动实践。高校竞技性健美操专业知识构成主要包括对竞技性健美操项目特征、竞技性健美操动作技术原理、竞技性健美操训练理论、竞技性健美操创编原理和竞技性健美操裁判法，以及项目发展规律等方面的知识。坚实的专业知识在于全面了解和掌握本专业的知识，还应该对动作创新的潜在发展需求萌发超前构思，产生既有价值又实用的创新设想，而且在设想产生后又可以运用专项知识作出判断，确定设想的可能性、新颖性等，从理论价值、对未来前景的预测和评估，对新创的动作进行合理的选择。

（3）创造学理论知识

对多年来创造实践活动的高度概括和总结便可以形成有关创造学的知识，其对于任何领域的创新实践均有重要的指导作用。掌握创造学知识可以了解创新的规律和原理，能掌握行之有效的创新方法，为创新活动提高效率。所以，高校竞技性健美操动作创新者应该对于创新学的基础理论知识有所掌握。

（4）其他难美项群的知识

竞技性健美操与其他难美项群之间有着密切的联系，从而使得各项目之间存在互相移植、鉴赏和渗透的可能。如体操、艺术体操、花样滑冰、花样游泳、体育舞蹈等难美项群

的各项技术、动作的移植鉴赏是普遍存在的。很多项目之间相互联系的特性，有利于开阔思路，启发联想，创造新颖的难度动作，是高校竞技性健美操取得动作创新成果的保证。

（5）实践经验

高校竞技性健美操教练员教师在从事竞技性健美操运动实践活动中，从大量的成功和失败的经历中获得的认识和体验的成果便是实践经验。其虽没有理论知识系统和深刻，但却反映事物的原始本质，对解决实际问题十分有效。经验可以横向移植，当遇到与以前经验相雷同情况，经验可以提示和启发我们，这对于创新活动是十分重要的。因此，应注意及时总结自己的经验并主动积极地学习他人的经验知识。

2．创新动作的客观因素

人的创造活动受到创新条件的促进和制约，其影响体现在各个层次和各个领域。高校竞技性健美操动作创新作为客观存在的创造形式之一，也肯定会受到各种客观影响因素的作用。

（1）具体的创新对象

不同的高校学生运动员对动作的接受能力、感受能力及表现能力都有差异，而且在技术掌握和身体素质等方面也有显著的差异。因此，在创新动作的过程中，应该注意动作组合的种类、方式、级别以及动作的风格和成套的强度，有针对性地选择切合具体创新对象的创新方法和手段进行难度创新。

（2）竞技性健美操的竞赛规则

竞技性健美操的规则是高校竞技性健美操比赛的规范和准则，其规定参赛者的条件、制约参赛的行为，同时对竞技性健美操的发展起着重要作用。竞技性健美操的发展应以创新为前提，研究创新势必会涉及竞赛制度和规则对于创新活动的影响，因此，在进行难度动作创新时，对规则的研究是十分有必要的。

（3）国内外竞技性健美操动作发展的新形势

对于竞技性健美操中的每一个动作，运动员都应该按照规则规定力求标准、完美地完成，同时给人留下美好的印象。对高校竞技性健美操运动来说，选择难度应该与高校学生运动员的实际身体水平和技术水平相吻合，选择应该能够充分体现该难度价值。整个成套动作中难度动作的整体设计，应该尽量符合规则中展示的难度级别和类型的布局特点，选择类别上以动力性力量和爆发式跳跃为主，选择适当的难度级别为宜。难度动作在整个成套动作中的价值在于该难度动作的艺术与难度的综合价值，将难度动作赋予艺术情感，给人留下的印象。全部难度动作在成套动作中，应尽量避免多频率累积出现，应将难度动作镶嵌于成套动作的操化动作、过渡和连接动作、艺术性表现动作和集体项目的配合之中，这样有助于表达出整个成套动作的主体和艺术内涵。

（二）高校竞技性健美操动作创新的过程

1．发现新动作阶段

发现问题是创新的开始。怎样寻找和发现新动作是高校竞技性健美操创新动作的第一步，同时也是创新动作是否成功的关键环节。在高校竞技性健美操动作创新中，发现新动作的途径有两种。

（1）主动寻找并发现新动作

①依竞赛需要提出现有动作技术的缺陷与不足。

②依规则修改的变化寻找新的动作创新的方向和突破口。

③依对手水平和高校学生运动员的实际运动水平寻找体现个性特征和优势的办法。

④依难度动作技术发展的趋势和动向寻找难度创新的可能性。

（2）被动启发而捕捉新动作

被动启发并不是简单的事情，它依赖于以下必要条件。

① 依赖于创新者的好奇心和求知欲，有很强的好奇心才能从别人觉察不到的事情上看出问题。

② 依赖于创新者对于健美操动作创新的积极性，发现训练和比赛中的问题的人，往往是态度积极的人。

③ 依赖于创新者的专业知识、竞赛经验和观察能力，没有深厚的知识，以及丰富的经验，很难发现深刻的问题。

④ 依赖于创新者对竞技性健美操操化动作、难度动作各种类型的深层理解和实质性技术的掌握。

2．设计新动作阶段

明确了动作高校竞技性健美操创新的目标，动作创新就要进入解决创新中遇到的具体问题阶段。设计新动作阶段是在头脑中构思新动作具体组成和技术要领及对过渡动作的考虑等的过程。在此阶段，教练员教师和高校学生运动员必须注意以下几点。

（1）动作设计要合理

在设计中，动作顺序的安排、动作类型与难易程度、动作技术要点与练习手段等，都需要教练员做更进一步的考虑和完善。

（2）动作设计要有针对性

设计应该针对高校学生运动员的运动水平、身体素质、技术特征与个性特征等，将动作设计落到实处。

（3）新创动作要有价值

新动作应该从高质量的动作规格、难度发展趋势、艺术价值等三个角度进行分析和改进设计，提高动作的价值。

3. 检验新动作阶段

在健美操动作创新中，要将实践检验和理论检验相结合起来进行，要对设计的新动作进行必要的检验。理论检验是通过逻辑推理，凭借自己或专家的知识经验，对新动作的设想做出合乎规律的检验，以求得理论上的周密和合理。这是常用的验证辅助手段，其内容主要对动作设计的可行性、有效性、实用性和独创性的分析，用逻辑力量来证实设想的科学性。实践检验包括高校学生运动员对动作掌握、训练和比赛中动作的完成和效果评价三个方面。

（三）高校竞技性健美操动作创新的能力

1. 思维能力

思维能力对竞技性健美操动作的创新有重要的影响，思维能力主要包括思维的广度和深度、思维的灵活性和独立性等，是表示思维发展程度的基本范畴。一般来说，高校竞技性健美操动作创新思维能力主要由想象力、多项思维能力、联想思维能力等几部分组成。

（1）想象力

创新发源于想象，想象力对竞技性健美操动作的创新具有重要作用，训练场上教练员教师应该善于根据高校学生运动员动作表现情况与相应的动作建立联系，组合加工，从而会有所新的思考，创造产生新的动作。

（2）多向思维能力

多向思维能力是相对于单向思维能力来区分的。多向思维强调从事物的多角度、多层次、多方面和多方向研究问题，认识问题，需要在逆向、侧向、发散等思维辐射中转移思路，寻找各种创新的设想。在高校竞技性健美操动作创新中，多向思维能力的应用主要体现在对于动作理解的多角度和多层次，对难度技术分析的多方面，对动作路线和方向的逆向、侧向和发散思考，从而有利于动作创新。

（3）联想思维能力

由一个事物想到另一个事物的能力便是联想思维能力。创造性思维的本质在于发现原来认为没有联系的两个事物之间的联系，联想思维能力强的人能把有限的知识和经验调动起来加以利用，从而扩大创新思路。在高校竞技性健美操动作创新过程中，教师要善于从现有的动作联系到其他项目的动作，为创新建立一个良好的思维模式，由一个动作想到多个动作，或由一类动作想到其他类动作，或从连接方式的改变想到其他项目的连接动作，这是对教师进行联想训练的有效途径。

2．观察能力

观察能力是指抓住事物微小变化和本质的能力。要想创新竞技性健美操的动作，观察能力是创新者必须具备的基本素质。因为观察是获得感性材料的基本方法，是寻找创新方向的前提，也是捕捉创新时机的重要途径。在高校竞技性健美操动作创新领域中，观察能力主要表现在以下几个方面。

（1）对高校大学生训练中动作变化和技术变化的灵敏的感受能力，即对动作变化的刺激感受比较敏感。高校竞技性健美操教练员教师对于高水平高校学生运动员成套动作的完成应该有所记录，对于任何微小的异常现象，不轻易放过任何可疑点，随时注意寻找有价值的富有启发性的线索，并与之相关联的动作联系起来，创造出新的动作。

（2）对各种动作具有敏锐的洞察能力，即能透过动作的表面形式变化现象，认识各种动作技术本质特征的能力。教师对于任何动作的认识不应该停留或局限于表面的动作表现形式上，而是应该深入研究动作的本质精髓。如同类难度动作都具有共性技术特征，而各类难度的技术差异则是各类难度的个性特征，教师应该对各种难度特征有一个较为全面而深入的理解。

3．创新设计能力

创新设计能力是指将头脑中的想法付诸实施的能力。在现实中，我们常常有很多想法，但是由于各种原因而不能付诸实践，因而，创新完成能力是一名创新者非常重要的能力。在高校竞技体育创新能力中，创新设计能力是重要的组成部分。创新设计能力主要包括高校大学生的实际能力、教师的组织和实施能力等。

（1）大学生的实际能力

大学生的实际能力主要包括身体素质和难度技术水平以及心理素质等。因此，在进行健美操动作创新时，一定要考虑大学生的实际能力，否则健美操动作难度的设计就仅仅是一个空想。

（2）组织和实施能力

健美操创新的动作能否符合人体运动的规律，还需要在实践中进行检验，而进行健美操实践则需要具有一定的组织和实施能力才能完成。

4．预见能力

根据客观事物的已知因素及其发展变化的规律，凭借个人学识与逻辑思维能力，推断未来的才能便是预见能力。预测的实质是先在脑中建立一种由因果关系构成的事件链环的模型，顺着这种模型获得连环前进，就能推测最后一环，从而做出正确的预见。在高校竞技性健美操动作创新中，预见能力主要体现在以下两个方面。

（1）预见动作发展趋势

竞技性健美操异常复杂，变化多样，动作组合日益复杂化、连接逐渐深入巧妙化、过渡渐进新颖化、空间利用合理化、难度全面化，这些因素都要求大学生具有预见动作发展趋势的能力，才能做好竞技性健美操的动作创新。

（2）预见潜在的竞技能力

大学生应该意识到自己本身对创新是一种心理的需要，或一种想要突破当前难度动作的意识。当大学生对现有难度的掌握或身体素质已经超越现在难度所要体现的竞技能力时，教师应该提前对这种潜在的能力有所预测和推断。

参考文献

[1] 傅金芬. 健美操的美学特征与编排艺术 [M]. 北京：九州出版社，2020.

[2] 韩青，陈方园，郭玲燕. 新时期健美操教学与可持续发展研究 [M]. 北京：九州出版社，2021.

[3] 康丹丹. 高校健美操教学与创新研究 [M]. 北京：北京工业大学出版社，2019.

[4] 李华. 当前健美操运动技巧及教学研究 [M]. 北京：中国商务出版社，2019.

[5] 李秀芹. 高校形体与健美教学研究 [M]. 西安：陕西科学技术出版社，2022.

[6] 刘瑛. 新形势下健美操教学与训练研究 [M]. 北京：北京工业大学出版社，2019.

[7] 鲁文倩，赵戈. 健美操训练理论与舞蹈健身探索 [M]. 长春：吉林美术出版社，2021.

[8] 陆丹华. 新形势下高校健美操创新发展研究 [M]. 长春：吉林人民出版社，2020.

[9] 石犇. 健美操与体育舞蹈的形体训练研究 [M]. 吉林出版集团股份有限公司，2020.

[10] 屠丽琴. 健美操课程教学分析及效果优化研究 [M]. 北京：中国大地出版社，2019.

[11] 王建利. 现代健美操教学的可持续发展策略研究 [M]. 长春：东北师范大学出版社，2021.

[12] 王静. 高校健美操教育的理论与实践创新 [M]. 长春：吉林科学技术出版社，2019.

[13] 王鹏. 健美操运动的基本理论及其教学研究 [M]. 天津：天津科学技术出版社，2020.

[14] 王晓霞. 高校健美操教学分析与实践创新研究 [M]. 吉林大学出版社有限责任公司，2022.

[15] 王旭瑞. 健美操运动训练及创编教学探索 [M]. 西安：西北工业大学出版社，2020.

[16] 严美萍. 高校健美操与校园体育文化的协同发展研究 [M]. 长春：吉林大学出版社，2019.

[17] 张冰妹. 高校体育健美操的教学策略研究 [M]. 北京：中国纺织出版社，2020.

[18] 张锦锦. 健美操发展创新思考与技能训练研究 [M]. 吉林人民出版社, 2021.

[19] 赵静晓. 健美操教学训练系统设计与方法研究 [M]. 太原：山西经济出版社, 2019.

[20] 赵萍. 健美操课程教学分析与实践创新 [M]. 长春：吉林大学出版社, 2019.

[21] 赵艳. 现代教育理念下的健美操课程设计与应用研究 [M]. 哈尔滨东北林业大学出版社, 2022.

[22] 周春娟. 新时代健美操人才的培养与发展研究 [M]. 北京：原子能出版社, 2020.

[23] 朱淑云，张青娟，雷莉莉. 健美操运动基本理论与实践 [M]. 吉林出版集团股份有限公司, 2021.